El Arte

de la Presentación

Alberto de Vega

Eduardo S. de la Fuente

Una nueva forma de entender las presentaciones y conectar con tu audiencia

© 2011 Presentaciones Artesanas
Publicado por Lulu.com

ISBN: 978-1-4476-7655-3

Alberto de Vega dedica este libro a Ruth, Naiara e Izan, que tan pocas veces protestan cuando les hace menos caso del que se merecen.

Eduardo S. de la Fuente dedica este libro a Natalia y Rodrigo por su inagotable paciencia. Gracias.

Ambos autores dedican este libro a las personas que quieren cambiar el mundo a través de sus presentaciones, a los que explican cómo hacer esas presentaciones y a David Bartolomé, que nos ha puesto en contacto con personas que quieren apostar por este cambio e impulsarlo en sus organizaciones.

Índice

PRÓLOGO

Quiero creer

Póster en el despacho de Fox Mulder,
Expediente X

Lunes, 15:25 de la tarde. Tras los sacrosantos 10 minutos de cortesía da comienzo la enésima reunión del día. Como era de esperar, 15 minutos después de empezar la presentación, el sopor de la sobremesa, las luces atenuadas y el sillón medianamente cómodo de la sala de reuniones están haciendo mella en ti y en el resto de las personas a tu alrededor.

Es fácil verlo en sus caras: el tipo que tienes a tu izquierda ha sucumbido y dormita sin llamar demasiado la atención –afortunado. El resto, reunido en torno a la mesa, mira con fingida atención a la pantalla de proyección, como polillas atraídas por la luz. Mientras tanto, con las luces apagadas, una voz incorpórea, carente de emoción y no exenta de cierto nerviosismo, lee a duras penas el tercer párrafo de la diapositiva mientras tú diste por terminada la lectura del quinto y último párrafo hace ya varios segundos. Observas no sin cierta desesperación que aún quedan otras 27 diapositivas más.

Mientras el ponente comienza la lectura del cuarto párrafo, un zumbido en tu bolsillo te saca del letargo: otro correo urgente para la colección de hoy. Comienzas a responderlo mientras, en segundo plano, el ponente ha conseguido pasar a la siguiente diapositiva, totalmente consciente de que el tipo que tienes a tu derecha está actualizando su estado de Facebook con sus hazañas del fin de semana gracias a su portátil. El tiempo parece haberse detenido...o quizá estáis atrapados en un bucle en el tiempo, como Bill Murray en *El día de la marmota*, condenados a ver la misma presentación una y otra vez.

Quieres hacerte la víctima pero, seamos justos, tú mismo infligiste *la muerte por PowerPoint* a tus pobres congéneres hace apenas unas horas. Es lo normal, cuando te avisan de que tienes que hacer una presentación justo 3 horas antes, sin tener ni idea de qué es lo que tienes que decir. Así que hiciste lo que has visto hacer siempre: tomaste una diapositiva de aquí, otra de allá, las pegaste como buenamente pudiste con unos cuantos párrafos de texto y ¡bingo!, presentación lista. ¿Ensayar la exposición? Ni hablar, después de todo era la primera vez que tenías que hablar del tema, ya improvisarías. Total, con leerlas es suficiente. Las presentaciones siempre se han hecho así, ¿no?

El resultado es desastroso: en el mejor de los casos no pasará nada, será como si la reunión no hubiese tenido lugar. Nadie te prestó demasiada atención después de todo, como al pobre diablo que está exponiendo ahora. La única forma de que alguien se acuerde de él será que se rompa el sillón donde está sentado y se caiga de bruces. ¡Qué pérdida de tiempo! ¿Cómo hemos llegado a esto?

Diapositivas, transparencias,... llámalas como quieras. Ya sea como estudiante o profesional habrás visto miles de ellas. De hecho, es más que probable que tú mismo seas autor de alguna que otra presentación[1].

La pregunta es ineludible, ¿por qué nos comunicamos mediante presentaciones? O más concretamente, ¿por qué empleamos presentaciones cuando, en la gran mayoría de los casos, este formato –una secuencia de diapositivas– no es el más adecuado para el propósito que perseguimos? En la empresa –y universidad– actual, las presentaciones son un formato documental muy extendido. Ya sea con PowerPoint, Keynote u otro tipo de programas, empleamos las presentaciones para fines muy distintos de aquellos para los cuales se crearon a mediados de los años 80[2]: documentos financieros, informes de cuentas, propuestas de desarrollo de proyectos, resultados de consultorías, etc. Y lo que es aún peor: cuando usamos estas aplicaciones para crear una presentación nos dejamos guiar por las plantillas por defecto, que respaldan la utilización de ingentes cantidades de texto.

A lo largo de este libro mostraremos que "otro mundo es posible": un mundo donde el PowerPoint –o el Keynote– se utiliza únicamente para hacer Presentaciones –con P mayúscula–, presentaciones que además son atractivas para la audiencia y que no se limitan a la ya conocida secuencia de diapositivas repletas de texto, sino que conectan con ella también a nivel emocional. **Porque queremos creer que existe otra forma de entender las presentaciones y conectar con tu audiencia.**

Es posible que lleves usando PowerPoint desde su primera versión – ¿te suena la siguiente captura de pantalla?– y creas que estas páginas no

---

[1] Durante nuestros seminarios y cursos tan solo hemos conocido a una persona que no haya realizado jamás una presentación.
[2] Ver historia del PowerPoint explicada por su creador en:
http://www.robertgaskins.com/#powerpoint-history

pueden aportarte nada, pero queremos mostrarte que hay una manera distinta de hacer presentaciones.

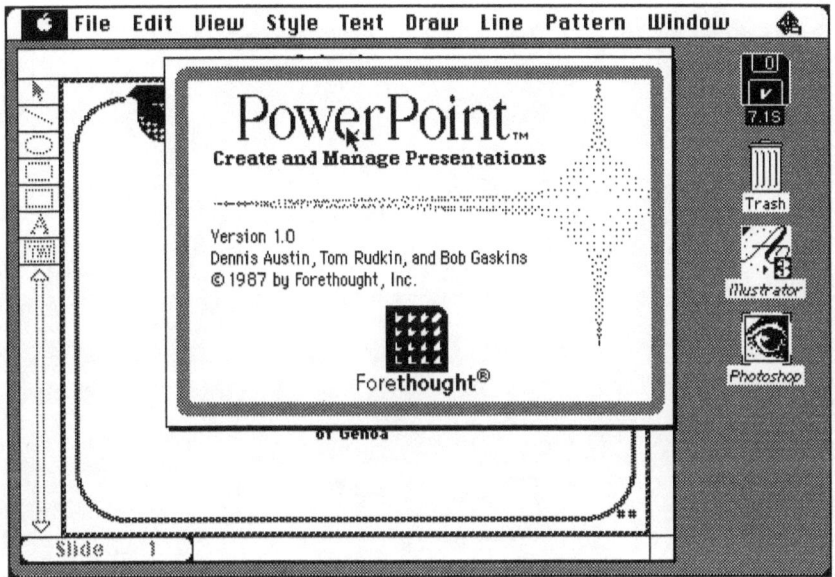

Queremos convencerte de que merece la pena luchar por esta nueva forma para evitar que sigamos sufriendo en carne propia presentaciones como las que vemos día tras día. Eso sí, no esperes que este sea un libro sobre cómo manejar PowerPoint –aunque lo mencionaremos en algunas ocasiones, igual que a Keynote–: éste es un libro sobre cómo crear presentaciones que facilitan la comunicación y asimilación de un mensaje por parte de la audiencia.

Pero quizá crees que no hace falta un libro sobre este tema y que tus presentaciones son impecables. Eso creíamos también nosotros...

¿POR QUÉ?

PowerPoint se ha convertido
en el enemigo de la claridad

Paul Gillin,
editor en jefe de SearchCIO.com

El término "Muerte por PowerPoint"[3] acuñado por Angela Garber en 2001 resume de manera magistral el estado de aburrimiento y fatiga inducido por las presentaciones al uso.

Para los pocos incrédulos –afortunados, podría decirse– que no hayan sentido en carne propia la muerte por PowerPoint y crean que esto es simplemente una exageración carente de fundamento vamos a presentarles las opiniones de un pequeño grupo de gurús en la materia a lo largo y ancho del planeta.

UN PUÑADO DE ESTADÍSTICAS

Quizá conozcáis a Seth Godin, un experto en marketing y autor de numerosos *best sellers* –como *Tribus* o *La vaca púrpura*– y creador del concepto de *Marketing de permiso*[4] así como experto en *Marketing viral*[5]. Este hombre es considerado en la actualidad como uno de los más grandes visionarios del mercado y lo que opina sobre el tema que estamos estudiando es que[6]

" Prácticamente todas las presentaciones son una mierda.

---

[3] Para más información, consultar
http://es.wikipedia.org/wiki/Muerte_por_powerpoint
[4] http://es.wikipedia.org/wiki/Marketing_de_permiso
[5] http://es.wikipedia.org/wiki/Marketing_viral
[6] *Really Bad Powerpoint*, Seth Godin.
http://www.sethgodin.com/freeprize/reallybad-1.pdf, página 3: *Almost every PowerPoint presentation sucks rotten eggs*

¡Caramba! Y, ¿en qué se basa este señor en decir algo tan fuerte? Pues en que a lo largo de su vida profesional, Godin ha sufrido muchíííííííísimas más presentaciones de las que hubiese deseado y muy pocas han causado en él el efecto buscado por sus ponentes: la comunicación de un mensaje que pueda ser recordado fácilmente.

Pero no es el único: hay más gente que opina como él. Por ejemplo, tenemos a Guy Kawasaky, director de Garage Technology Ventures, una de las empresas de capital riesgo más importantes de Estados Unidos. Como inversor en capital riesgo, Guy Kawasaky escucha cada año a cientos de emprendedores tratando de obtener un cierto capital con el que convertir a su compañía en la próxima Google, el próximo Facebook,… Simplemente coloca aquí el nombre de la compañía de Internet que más te guste y que muy probablemente floreció gracias a la ayuda de este tipo de inversiones. Desgraciadamente la mayoría de las presentaciones a las que asiste son tan malas que empieza acusar una cierta sordera y un pitido constante en sus oídos y de vez en cuando, el mundo comienza a darle vueltas como si hubiera bebido algunas copas de más.[7]

El caso es que, con su experiencia, Guy se atreve a dar una cifra para matizar ese "Prácticamente" que decía Godin:

❝El 99% de las presentaciones son una mierda.

---

[7] Síntomas comunes de la enfermedad de Ménière, cuyo desarrollo Guy Kawasaky achaca con ironía a su actividad como inversor capital riesgo.

Este dato[8], en un contexto de emprendedores que buscan financiación, nos da una idea del poco cuidado que ponemos a la hora de diseñar nuestras presentaciones, incluso cuando nos estamos jugando el que nos presten dinero para desarrollar nuestras ideas.

Por último, Scott Berkun, gurú de la innovación y la gestión de proyectos, antiguo colaborador en el proyecto original del Microsoft Internet Explorer y que hoy en día se dedica evangelizar sobre innovación por todo el mundo –apoyado como no podía ser de otro modo por presentaciones–, tiene claro que muchas de las personas que exponen presentaciones "están tan ensimismados con el estilo que pierden la sustancia. Se preocupan por las plantillas, las imágenes, los vídeos, los tipos de letra, la ropa, el pelo y todo lo demás, olvidándose de lo más duro e importante que es pensar a fondo en las ideas que quieren transmitir." [9]

Muy bien, ya tenemos tres autores de reconocida experiencia criticando las presentaciones que hacemos hoy en día.

Pero, ¿por qué son tan malas estas presentaciones? ¿Son las diapositivas? ¿Es que no tenemos tiempo de preparar lo que vamos a decir? ¿No sabemos hablar en público? O quizá se trata de una mezcla de todos estos factores…

ERRORES COMUNES

¿Por qué se da esta situación? Pues porque actualmente, PowerPoint –y otros programas de corte similar–– se usan de manera incorrecta. Veamos algunos ejemplos[10]…

PowerPoint como *teleprompter*

Aunque la diapositiva de más abajo parece una broma, son muchos los ponentes que incluyen tooooooodo lo que van a decir en sus

---

[8] Sacado del prólogo de *Presentation Zen*, de Garr Reynolds. Se pueden ver las diapositivas en http://www.slideshare.net/garr/guy-kawasakis-foreword-for-presentation-zen

[9] Scott Berkun. *Confessions of a public speaker*. O'Reilly Media Inc

[10] Inspirados en el monólogo *Life after death by Powerpoint* del genial Don McMillan que podéis encontrar en: http://www.technicallyfunny.com/

diapositivas. Esto es un grave inconveniente para que su mensaje llegue a la audiencia por varios motivos.

En primer lugar, el público lee más rápido de lo que el ponente puede hablar, por lo que siempre irá por delante, leyendo el texto de la diapositiva en paralelo a la explicación oral del conferenciante. La inmediata consecuencia de esto es que, dado que una persona no puede leer y escuchar a la vez —no, no puede, como luego veremos—, con lo que se va a quedar es con lo que está leyendo.

Effectus Epitome

Lorem ipsum dolor sit amet, consectetur adipiscing elit. Curabitur tortor libero, fermentum vitae sodales nec, pellentesque vitae nulla. Aliquam fringilla urna ut augue mollis egestas. Sed elementum scelerisque imperdiet. Aliquam commodo, erat sit **amet feugiat lobortis**, urna ligula placerat sem, sit amet fermentum mauris est at ante. Nunc a augue augue. Aliquam placerat ipsum a enim sollicitudin sagittis. Donec pellentesque volutpat nunc, eget eleifend tellus accumsan ac. Phasellus nulla lorem, posuere eget ultrices sed, congue ut lectus. **Donec sed libero** turpis, at imperdiet metus. Pellentesque pretium quam sed est adipiscing aliquet. Proin eu sapien elit, eu porta risus. Praesent accumsan, sem eget sollicitudin vulputate, **tortor metus ultrices ligula**, at lacinia felis neque id nunc. Sed nunc nisi, lobortis in aliquam sed, pulvinar vitae ipsum. Quisque magna nunc, volutpat at molestie id, pharetra ut diam. Suspendisse ac purus dolor, eu aliquet ligula. Mauris quis nunc justo.

Aliquam quis dapibus erat. Nam fermentum lacinia pulvinar. Nunc lorem felis, pellentesque eu elementum vel, feugiat eu nunc. Suspendisse potenti. Pellentesque tellus nisi, iaculis id viverra non, congue sit amet purus. Cras placerat rutrum suscipit. **Donec condimentum aliquam suscipit.** Aenean a nisi neque, quis malesuada tortor. Proin ultricies malesuada magna in mattis. Ut malesuada orci quis nulla rutrum egestas. Nullam nibh tortor, ullamcorper vel ullamcorper hendrerit, venenatis sit amet orci. Duis varius arcu a risus egestas ut volutpat leo hendrerit. Quisque feugiat fringilla enim, id dignissim eros rhoncus vel. Ut sem mauris, mattis ut tempor non, malesuada id arcu. Aenean in orci sem, et rhoncus ligula. Praesent ante justo, **rhoncus quis viverra ut,** elementum eget odi. Phasellus semper magna eget nisi consectetur faucibus. Sed erat nisi, faucibus quis porta eu, suscipit id odio. Aliquam erat volutpat. Cras enim leo, tempor nec placerat a, gravida vel arcu.

Nulla in felis vel erat consequat faucibus. Maecenas nec tortor neque. Nam sodales eleifend tempus. Suspendisse potenti. Nam aliquam adipiscing quam, eget posuere purus feugiat ac. Vivamus lobortis, velit nec cursus hendrerit, nulla diam malesuada arcu, ut consequat orci felis sit amet nisi. Pellentesque hendrerit augue a lectus gravida rhoncus. Donec porttitor, purus id feugiat feugiat, tortor magna molestie erat, accumsan viverra nisi quam venenatis sem. Donec tincidunt eleifend pulvinar. **Suspendisse elementum** dapibus quam eget ultricies. Maecenas lectus turpis, ullamcorper tincidunt laoreet eu, malesuada ac velit. Vivamus porttitor euismod nulla, id aliquam nibh molestie sed. Ut fringilla magna in diam vehicula hendrerit. Praesent pellentesque nibh et nisl bibendum elementum. Fusce tristique libero urna. Morbi vitae venenatis dolor. Morbi tempor pellentesque tortor, sed commodo sem facilisis.

ACME
CORPORATION

En segundo lugar, el exceso de texto impide que el mensaje llegue con claridad a las personas. ¿Quién se acordará de los 5 párrafos de la diapositiva 43 al día siguiente?

Pero además, cuanto más texto embutimos en nuestras diapositivas, más pequeño se vuelve el tipo de letra, lo que se traduce en que la diapositiva se vuelva ilegible desde una cierta distancia[11], perdiendo público potencial que estará preguntando a los compañeros de delante "¿Qué pone en la última línea?". Con eso no sólo perdemos la atención del que no ve, sino también de aquellos a los que pregunta.

Y, por último, si todo lo que me van a contar ya está en las diapositivas, ¿para qué ha venido el conferenciante? ¿qué hago yo aquí? Que me manden por correo electrónico la presentación, que ya me la leeré cuando tenga un ratito…

Recuerda: más texto en la diapositiva no quiere decir que hayas hecho un trabajo de calidad, fruto de una concienzuda preparación. Antes al contrario: usar la diapositiva como un teleprompter es signo de falta de seguridad sobre la materia a explicar o de confianza en las capacidades para exponer del ponente. En definitiva, es un claro síntoma de falta de preparación, lo que hará que la audiencia se sienta menospreciada.

Maecenas id mi eros. Pellentesque vitae eros lorem, in sodales eros. Ut eu arcu sit amet diam fringilla viverra a at justo.

◆ Aliquam fringilla
◆ Urna ut augue mollis egestas
◆ Sed elementum scelerisqet
◆ Aliquam commodo
◆ Erat sit amet feugiat lobortis
◆ Urna ligula placerat sem
◆ Sit amet fermentum
◆ Mauris est at ante
◆ Nunc a augue augue
◆ Aliquam placerat
◆ Ipsum a enim
◆ Sollicitudin sagittis
◆ Donec pellentesque
◆ Volutpat nunc
◆ Eget eleifend
◆ Tellus accumsan ac
◆ Phasellus nulla lorem
◆ Posuere eget ultrices sed

◆ Congue ut lectus
◆ Suspendisse auctor
◆ Bibendum tempor
◆ Nulla orci lorem
◆ Sagittis a vestibulum et
◆ Tristique sit amet eros
◆ Nunc a purus vitae
◆ Leo placerat sodales
◆ Mauris placerat condimentu
◆ Maecenas id mi eros
◆ Pellentesque vitae eros lorem
◆ In sodales eros
◆ Ut eu arcu sit amet
◆ Diam fringilla
◆ Viverra a at justo

ACME
CORPORATION

---

[11] "Si no puedo leer las diapositivas en la pantalla de mi móvil es que la letra era demasiado pequeña" o "divide por dos la edad de la persona más mayor entre la audiencia, ese es el tamaño mínimo del tipo de letra a emplear"

El abuso de los bullet points

Por defecto, el software para la creación de presentaciones nos muestra *"bullet points"* –viñetas– como método para presentar nuestros mensajes. Como dice Cliff Atkinson, autor de *Beyond Bullet Points*, los bullet points son la respuesta a la pregunta "¿Cómo condenso 120 páginas de texto en 12?"; no obstante, ésta es la pregunta incorrecta. Para hacer una presentación, lo que tenemos que preguntarnos es: "¿Cómo puedo mostrar lo que quiero explicar de una manera más visual que me ayude a comunicarme de manera más efectiva?"[12].

No podemos diseñar nuestras diapositivas sólo con *bullet points*[13]. No podemos pretender que una lista de frases anidadas en varios niveles sea perfectamente entendible por nuestra audiencia. Una diapositiva como la

---

[12] http://www.sociablemedia.com/articles_bullets_kill.htm

[13] Este término aparece traducido como "viñetas" en los menús de PowerPoint. El término original en inglés da más juego, ya que *bullet* significa "bala" y es fácil imaginarse al público disparando a los presentadores aburridos –al menos, en su imaginación–.

anterior no supone un apoyo para que la audiencia asimile el mensaje. Se trata mas bien de un guión para el presentador y como tal debería ser relegado a la zona de notas, disponible para el presentador durante la presentación de ser necesario. La audiencia no ha asistido a una de nuestras conferencias a leer un esquema, ha acudido a que le contemos una historia.

Además, es fácil que este abuso de *bullet points*, caiga también en lo que mencionábamos en el apartado anterior, provocando que nuestro público vaya leyendo el contenido de la diapositiva en vez de escucharnos a nosotros.

Por otro lado, el uso de varios niveles de *bullet points* puede provocar que la fuente sea cada vez más pequeña, algo que no será un problema si enviamos la presentación por mail o la proporcionamos en papel, pero que puede ser un auténtico despropósito si la sala donde exponemos es relativamente grande.

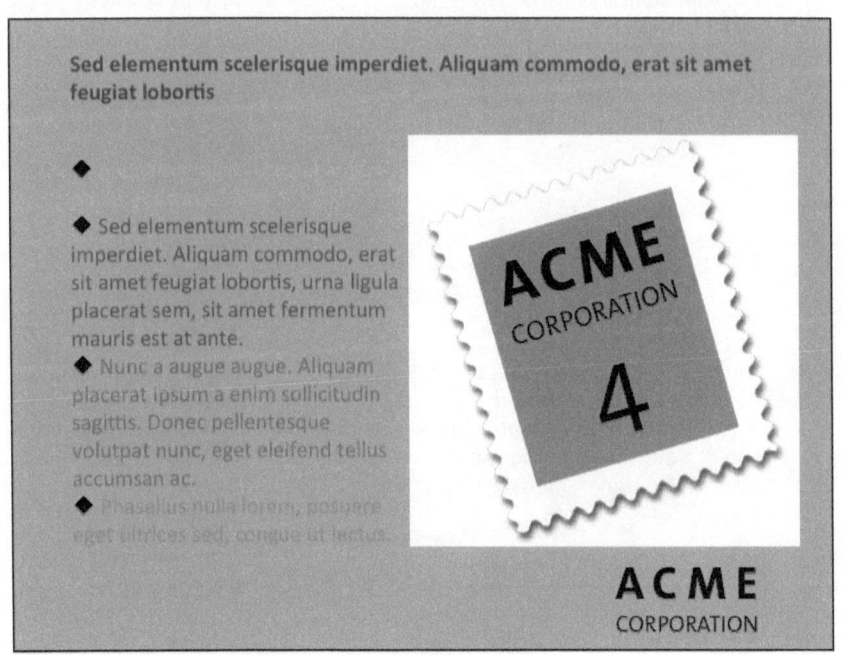

Una mala elección de colores

En ocasiones también nos encontramos con paletas de colores que provocan insomnio en los asistentes: colores imposibles, falta de contraste, combinaciones desastrosas,…

Aunque no vayamos a participar en un concurso de diseño, es importante que nos fijemos en estos detalles para que la diapositiva sea agradable a la vista y el público no sienta la tentación de ausentarse que puede provocar una diapositiva como la mostrada. Porque, ¿cuántas veces se han levantado en medio de una de tus presentaciones "para coger una llamada urgente"…y no han vuelto? Es una excusa estupenda para salir huyendo de una presentación aburrida…¡y no regresar![14]

Además, una mala elección de color puede hacer que el texto en pantalla sea ilegible, lo que provocará que los asistentes empiecen a preguntarse unos a otros por "ese texto en verde lima sobre el fondo verde botella".

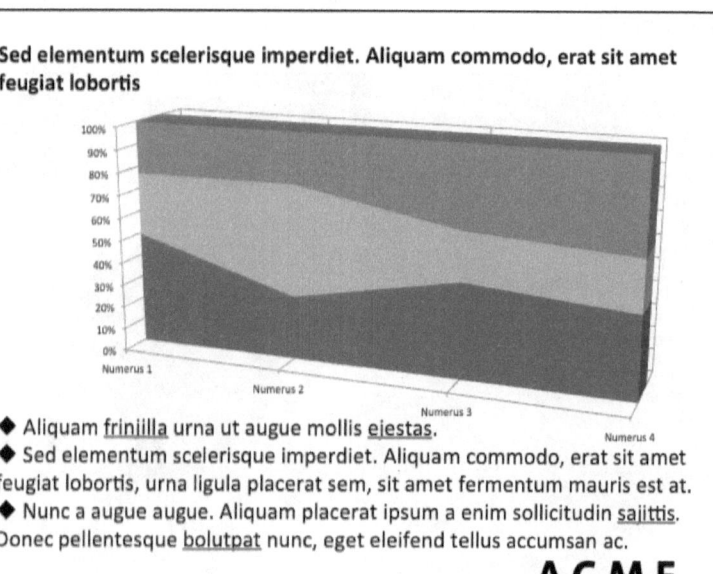

---

[14] La "ley de los dos pies" exhorta a que si en algún momento te encuentras en una situación en la que ni aprendes ni contribuyes, uses tus dos pies y te vayas a otro lugar – donde puedas hacerlo. Open Space Technology.

Faltas de ortografía

¿Quién no ha visto jamás una errata en alguna diapositiva de una presentación... o no ha cometido faltas de ortografía alguna que otra vez? Quién esté libre de pecado...

Sin embargo, hemos de ser conscientes del impacto que esto tiene en nuestra audiencia. Es cierto que entre el público habrá de todo: desde aquellos a los que, simplemente, les dará igual, hasta aquellos que se llevarán las manos a la cabeza –sí, a veces es para llevarse las manos a la cabeza– pasando por todo un abanico de percepciones intermedias. Ahora bien, le debéis a la audiencia una presentación impoluta: os está dedicando su tiempo y éste es muy valioso. Una errata o falta de ortografía es –por lo general– muestra de prisa o descuido. Si la errata se debe a la prisa, es altamente posible que hayamos cometido más errores. Si es por descuido, ¿qué demonios hacemos delante de esa audiencia ahí? Apasionaos por vuestro trabajo, no importa cuál sea éste[15].

Recordad sin embargo que en este punto, como en tantos otros, la tecnología llega al rescate: Los programas más populares para hacer presentaciones cuentan con correctores ortográficos que destacarán el texto incorrecto; asegúrate de tenerlo activado en el idioma adecuado. Si está subrayado en rojo, **revísalo**.

Y una vez que hayas revisado todo el texto resaltado en rojo, revísalo otra vez: hay cosas que los correctores ortográficos pasan por alto, al fin y al cabo él tiene la excusa de ser una máquina, tú no.

Finalmente, si eres de los "afortunados" que crean presentaciones en una lengua que no es la suya, ¡revísalo tres veces!

Si después de soltarte esta charla sobre las erratas y las faltas de ortografía encontrases alguna en este libro, no lo dudes, siéntete indignado y échanoslo en cara en nuestro Twitter –@PresArtesanas.

---

[15] *Fish!* La eficacia de un equipo radica en su capacidad de motivación. Stephen C. Lundin y Harry Paul. Empresa Activa.

Demasiada animación

Existe una razón por la que los programas de presentación disponen de efectos de animación: el movimiento atrae inmediatamente nuestra mirada. ¿Por qué?

Existen razones biológicas para ello, que provienen de cuando compartíamos la sabana con depredadores como el de arriba, siempre acechándonos entre las altas hierbas. En aquellos tiempos, la rápida detección de movimiento a nuestro alrededor (el movimiento de unos arbustos, unos pájaros que alzan el vuelo repentinamente,...) podía suponer la diferencia entre la vida y la muerte. Y aunque ya no tenemos que estar pendientes de estos peligros, esto ha hecho que nuestro sistema nervioso esté siempre alerta en busca de movimientos a nuestro alrededor y, cuando se producen, ¡bang! Ese movimiento llama inmediatamente nuestra atención.

Quizás ese reflejo, quién sabe, nos salve la vida cuando estamos a punto de cruzar una calle.

Pero abusar de las animaciones en una presentación puede provocar el efecto contrario, haciendo que la audiencia deje de prestar atención a los movimientos en pantalla y que acabe como el pobre animalito de la foto siguiente, devorada a manos de las animaciones.

Guy Kawasaki ya lo apuntaba[16]:

" PowerPoint tiene 50 efectos de animación, eso son 49 efectos más de los necesarios.

Gracioso y directo a la diana. No importa cuántos efectos de animación tienes a tu disposición, ¡no puedes usarlos todos![17] Las animaciones han de aportar significado, y reforzar el argumento, no distraerte de él.

En caso de duda pregúntate: ¿podría quitar esta animación y transmitir la misma información de forma digerible para la audiencia? Si la respuesta es sí, ya sabes qué hacer con la animación. Las animaciones son a las presentaciones como los efectos especiales al cine: cuanto más invisibles mejor.

---

[16] *El arte de empezar*, Guy Kawasaky
[17] Como muestra, un botón: http://youtu.be/sFPq0j-6hT0

Por otro lado, sabes que mucha gente imprime las presentaciones –demasiada, para ser sinceros– y, lo creas o no, el papel impreso –aún– no soporta animaciones.

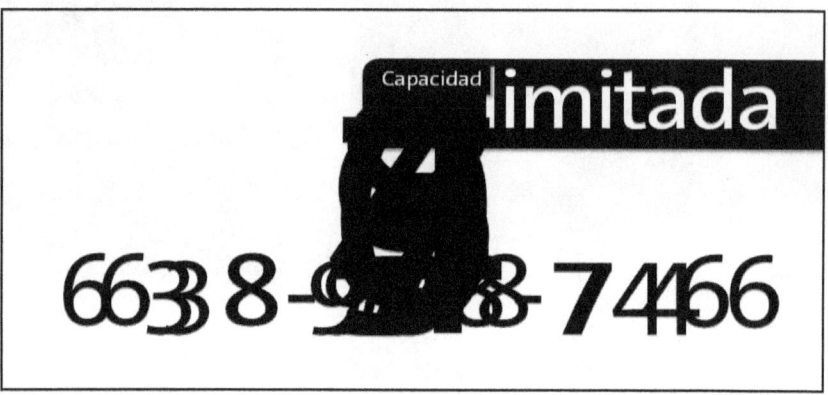

Por tanto, todas esas maravillosas animaciones que creaste tan trabajosamente se convierten en un auténtico caos al imprimirse; no hay más que ver la diapositiva anterior: una amalgama incomprensible de números superpuestos que desafía toda comprensión[18].

Si quieres emplear animaciones en tus presentaciones, prepara también una versión libre de ellas, por si acaso alguien decide imprimirla, aunque lo más recomendable sería que preparases unas buenas notas para tu audiencia. Y si la mandas por mail, avisa a la audiencia que vea la presentación en sus ordenadores en "modo presentación"[19].

---

[18] Pero podéis verla en movimiento en nuestro canal de YouTube
http://youtu.be/X1CCJyxOss4
[19] Te explicamos los diferentes modos de visualización que ofrece PowerPoint en nuestro blog:
http://www.presentacionesartesanas.com/blog.php/2011/04/24/vistas-en-powerpoint.html

Phasellus nulla lorem, posuere eget ultrices sed, congue ut lectus.

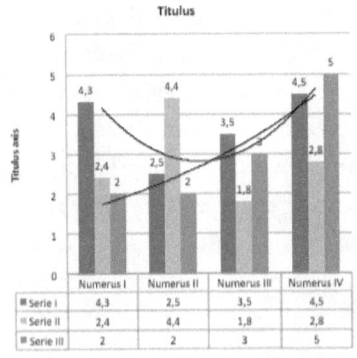

◆ Aliquam fringilla urna ut augue mollis egestas.
◆ Sed elementum scelerisque imperdiet. Aliquam commodo, erat sit amet feugiat lobortis, urna ligula placerat sem, sit amet fermentum mauris est at ante.
◆ Nunc a augue augue. Aliquam placerat ipsum a enim sollicitudin sagittis. Donec pellentesque volutpat nunc, eget eleifend tellus accumsan ac.
◆ Phasellus nulla lorem, posuere eget ultrices sed, congue ut lectus.

ACME
CORPORATION

Gráficas incomprensibles

No es raro encontrar gráficas como ésta de aquí arriba en una presentación[20]. Las consecuencias no se hacen esperar, y el público empieza a hacer cábalas sobre qué dato es el más importante para el ponente o cómo se descifra la barra de la derecha del todo o por qué se ha elegido un color gris oscuro para mostrar los datos de mi delegación. Si lo que conseguimos es esto, nuestras gráficas no están logrando transmitir el mensaje que tenemos en mente. Veremos más adelante cómo podemos resaltar el dato importante en una gráfica que mostremos en nuestra presentación sin apabullar a la audiencia.

---

[20] Alberto: De hecho, estoy escribiendo estas líneas durante un viaje en avión y la diapositiva con cuatro gráficas y su correspondiente texto que está revisando un pasajero dos filas más adelante es mucho peor que la que te ponemos como mal ejemplo. Creo que debería darle una de nuestras tarjetas…

Y encima, lo presentamos de aquella manera

Sí, sí, por si fuera poco este listado de atropellos, luego además se lo presentamos a nuestra audiencia con un tono de voz monótona y escondidos en la oscuridad "para que se vean bien las diapositivas".

Es tremendamente habitual el asistir a reuniones donde no sólo las diapositivas están llenas de texto y diagramas complicados llenos de anotaciones con letra de tamaño pulga, sino que además el que lo está explicando se queda sentado en la mesa de reuniones mientras todo el mundo está mirando hacia la pared contraria, donde están las diapositivas. ¿No tienes la sensación de que es como si estuvieras oyendo al ponente por teléfono o como si te hubieran puesto un CD con el discurso grabado? ¿Crees que es buena esa falta de contacto visual con la audiencia? Porque claro, nosotros, cuando estamos en el lado de la audiencia, vamos a lo nuestro: a leer las diapositivas, que vamos más rápido que el que las está leyendo en voz alta...

Pero, ¿son las diapositivas el único problema?

Ciertamente, no. Seguramente, ahora estarás pensando que el problema es que no sabes hacer diapositivas bonitas o que no sabes de dónde sacar fotos para pegar en tus presentaciones. Pues bien, estás totalmente equivocado.

Una Presentación –sí, con P mayúscula–, la exposición de un tema ante una audiencia, tiene que empezar a elaborarse lejos del ordenador. Tenemos la mala costumbre de lanzarnos de cabeza a nuestro software de diseño de presentaciones sin parar a organizar las ideas que bullen en nuestra cabeza. ¿Sabes lo que vas a decir? ¿Tienes alguna idea sobre lo que quieres que tu audiencia recuerde al día siguiente de tu presentación?

Generalmente, las presentaciones con diapositivas habituales reflejan la falta de preparación y organización y hace difícil que la audiencia pueda seguir al ponente durante su disertación. No se suele tener cuidado en hacer hincapié en los puntos clave de la información que se quiere transmitir, por lo que el público se pierde, no se da cuenta de qué es lo importante de la charla; y si encima, les ponemos delante diapositivas como las que hemos mostrado, pues prepárate para que sufran las...

CONSECUENCIAS

Como no podía ser de otra manera, esta forma de presentar tiene sus consecuencias. ¿Cuál ha sido la última vez que vuestra audiencia – colegas, clientes,…– ha acudido a ver una de vuestras presentaciones como si fuese a ver el último estreno de su director o actor favorito? Pocas, ¿verdad?

En ocasiones parece que tenéis que arrastrar a la gente para mostrarle vuestras ideas. Deberíais preguntaros por qué. Es más, ahora poneos por un momento del otro lado. Tú también habrás sido rehén en múltiples e interminables presentaciones. ¿Cuántas veces te has preguntado qué demonios haces allí? ¿Cuántas veces has pensado que para enseñar eso y de esa manera hubiese sido preferible que te lo hubiesen enviado por correo electrónico?

Una presentación no debe limitarse a leer lo que hay en las diapositivas: debe servir para comunicar, para transmitir información que la audiencia pueda absorber y recordar fácilmente. El ponente es el componente esencial de la presentación[21], no las diapositivas: por eso es muy diferente esta manera de presentar. Se trata de que las diapositivas apoyen de manera visual las palabras del ponente, no de que toda la información esté en las diapositivas.

Una Presentación sin ponente no es nada. El trabajo del ponente es esencial a la hora de crear el vehículo ideal para transmitir la información y que ésta sea memorable. Es como si fuera el director, guionista y responsable de fotografía y efectos especiales, todo en uno.

---

[21] Por la naturaleza de este libro, queremos resaltar el papel del ponente en una exposición oral frente al del soporte físico habitual: diapositivas, sin embargo quisiéramos subrayar que una exposición se hace por y para la audiencia. La audiencia es sin lugar a dudas la estrella de una presentación.

¿Cuántas veces os habéis encontrado dando cabezadas durante una presentación? ¿Cuántas veces habéis desconectado? Total, no pasa nada, si todo lo que dice el ponente está en la pantalla y puedo retomar el hilo cuando quiera… Es normal que el público sea incapaz de recordar más de una o dos ideas de todo el paquete de diapositivas con letra del 12 que has preparado…

Es más, ¿cuántas veces se te ha dormido alguien durante una presentación? No, no se trata de una leyenda urbana. No es el recurso fácil que empleamos para llamar vuestra atención sobre la importancia de una buena exposición oral o de un buen soporte gráfico.

No os hablamos de un amigo de una prima de un colega del trabajo a quién alguien una vez se le quedó dormido en el transcurso de una presentación. No, hablamos en primera persona. Sí, se nos ha dormido gente durante una exposición oral. Sed conscientes de que la gente tiene trabajos estresantes que no les dejan dormir bien, tienen hijos recién nacidos o simplemente les gusta quedarse a ver a Buenafuente hasta las tantas. ¡Es la guerra! y el enemigo es Morfeo.

LA CULPA NO ES MÍA

El ser humano es un maestro contando historias… y también excusas. Seguro ya estás pensando "Si es que Microsoft**22** ha hecho un software con el que sólo se pueden meter bullet points". Bueno, en parte es verdad, no hay más que ver las plantillas por defecto incluidas en cualquier versión de PowerPoint, como la representada en la imagen que se muestra a continuación. Porque, claro, abrimos PowerPoint (o el software que uses habitualmente), escogemos una de las plantillas y pensamos que rellenar con texto los lugares especificados es la mejor manera para crear una presentación. Y así acabamos con listas de viñetas de hasta quinto nivel…

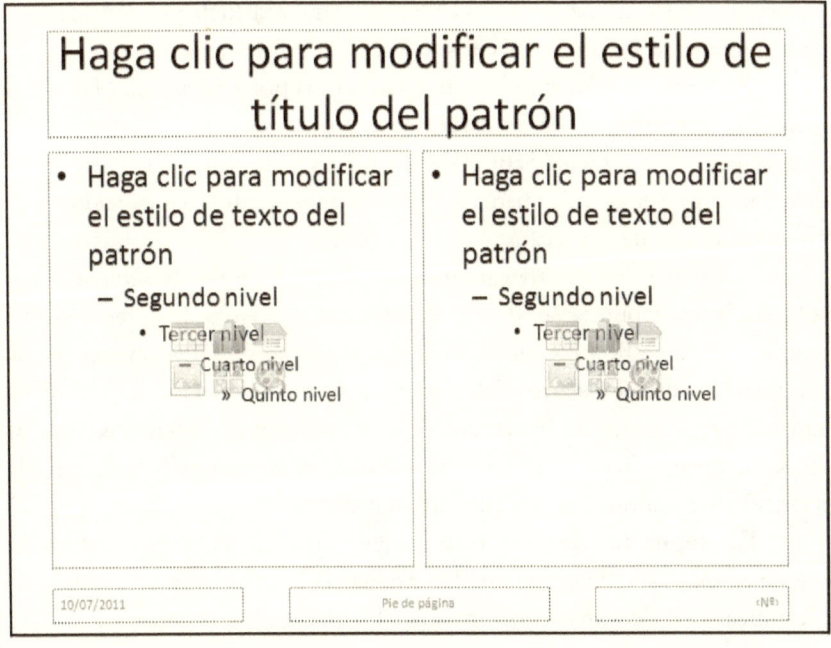

---

22 Nota a los entusiastas de Apple: Keynote no es esencialmente diferente de PowerPoint. Lo mismo pasa con Impress.

Pero PowerPoint es sólo una herramienta[23] y su buen uso es responsabilidad del que la maneja. Tal vez sepamos manejar la herramienta –afortunadamente, sólo una parte de su funcionalidad, porque si no los efectos serían aún mucho más devastadores– pero no cómo crear una Presentación. Todos sabemos escribir palabras, pero no es nada sencillo aprender a hilarlas de tal forma que formen una historia que atrape al lector. Es fácil manejar una cámara de vídeo último modelo, pero no todo el mundo puede ser director de cine.

Quizá entre los que estéis leyendo este libro hay alguno que piense cosas como "¡No puede ser!" ó "¡Estáis locos!" o, mejor aún, "¿Cómo va a transmitir mejor información una diapositiva sin textos?".

Pues bien, para esos escépticos, va dedicado el siguiente apartado.

DEL MITO A LA RAZÓN

El primer mito que vamos a desmontar es el que dice que si leemos un texto en voz alta a la vez que nuestra audiencia puede hacerlo para sí misma, reforzaremos la absorción de la información.

Pues bien, según experimentos realizados por Richard E. Mayer[24], psicólogo educacional e investigador en aprendizaje multimedia en la Universidad de California Santa Bárbara –UCSB– la realidad es bien distinta. El presentar una misma información mediante el canal auditivo y visual produce una sobrecarga de la audiencia.

Los experimentos arrojan unos datos demoledores: la audiencia que sólo ha sido expuesta al discurso del orador mejora la retención del mensaje en un 28% comparándola con aquellos que fueron expuestos simultáneamente al discurso del orador y a su representación textual. Pero aún más importante: si hablamos de comprensión, la diferencia llega al 79%. Es decir, dicha exposición simultánea es contraproducente para la retención y comprensión del mensaje transmitido.

El segundo de los mitos que sustenta el actual estilo de presentación está basado en la existencia de un único canal de comunicación, de capacidad ilimitada. Es decir, por muchas cosas que

---

[23] Como lo son Keynote o Impress
[24] *Multimedia learning*. Second edition. Richard E. Mayer. Cambridge

cuentes, la audiencia no va a sentirse desbordada por el torrente de información que sale de tus labios, como el vaso de la imagen inferior.

Es frecuente que las presentaciones en particular y las sesiones formativas en general se conviertan en una especie de *tour de force* en el que el orador/formador exhibe sus conocimientos de forma relativamente ostentosa dando por sentado que su audiencia captará absolutamente toda la información presentada. Pero seguro que si habéis estado escuchando a uno de estos oradores, estaréis de acuerdo en que eso no ocurre así[25].

De todas formas, vamos con el tercer mito, el procesamiento pasivo.

---

[25] Y tenemos un vídeo para demostrártelo: http://youtu.be/X1CCJyxOss4

Según este mito/hipótesis, los pupilos/audiencia recogerán total, secuencial y fidedignamente la información emitida por el orador/formador como si de una grabadora se tratase.

Ahora bien, la nueva teoría del aprendizaje multimedia, se basa en unas hipótesis –sustentadas por experimentos como el de Richard E. Mayer– totalmente diferentes. Una teoría en la que existe un *canal dual, de capacidad limitada y sobre el que se produce un procesamiento activo.*

Veamos detalladamente cada uno de estos conceptos…

Primera hipótesis: la teoría del canal dual de Allan Paivio de la Universidad de Western Ontario[26], aplicada posteriormente al aprendizaje multimedia por Richard E. Mayer[27]: no existe un único canal de información, sino que son dos. Se trata del canal auditivo –por donde nos llegan las palabras que pronuncian las personas de nuestro entorno– y del canal visual –lo que vemos–.

Cuando nos enseñan a leer de forma tradicional[28], lo que nos enseñan es a traducir pictogramas –"las letras"– tomados de forma sencilla –las vocales– o en grupos de dos o tres –las sílabas–. Ya sabes, lo de la "m" con la "a", "ma". Y así consecutivamente hasta construir palabras y luego se dotan de significado. Lo normal es que el niño recita "pi-no-cho fu-e a dor-mir" y luego se sorprende con el significado "¡Pinocho fue a dormir!". Por tanto, resulta que el niño ha entendido el significado no al verlo, sino al oírlo.

Lo que suele ocurrir entonces es que la lectura se convierte en un acto auditivo en vez de visual. El niño o niña lee y pronuncia en voz alta cuando aprende. A medida que coge experiencia aprende a no "hablar" mientras lee –al menos no habla a terceros aunque es muy común que hablemos para nosotros mientras leemos–. Esto hace que la lectura, siendo en su origen visual, se transforme en una acción auditiva y por tanto lineal y, si no se asocia a otros canales, resulta más difícil de

---

[26] Paivio, A –1986–. *Mental representations: a dual coding approach.* Oxford. England: Oxford University Press

[27] http://www.learning-theories.com/cognitive-theory-of-multimedia-learning-mayer.html

[28] Este párrafo y el siguiente surgieron de un interesantísimo debate vía e-mail con Prudencio Herrero (http://es.linkedin.com/in/prudencioherrero)

recordar. Por tanto, resulta que cuando leemos letras en pantalla y a la vez nos las leen, ambos flujos de información van al canal auditivo. Esto no sería un problema si la capacidad de ambos canales fuera ilimitada como decíamos antes, ¿verdad?

Pues bien, la **segunda de las hipótesis** del aprendizaje multimedia de Meyer postula que la capacidad de ambos canales es limitada por cuanto nuestra memoria de trabajo –aquella que utilizamos para almacenar y manipular la información necesaria para aprender, razonar y comprender– tan solo es capaz de almacenar en un momento determinado unos cuantos fragmentos de información.

Esto se traduce en que si estamos mirando una imagen, solo mantendremos en nuestra memoria de trabajo fragmentos parciales de la misma. De igual modo si estamos escuchando un discurso, no nos quedamos con una copia literal del mismo sino que recogemos los fragmentos que consideramos esenciales.

Los límites de capacidad de cada canal varían entre individuos y, con práctica, pueden ser ampliados. Sin embargo, los estudios muestran que por lo general nuestra capacidad está limitada a entre 5 y 7 fragmentos de información.

La tercera de las hipótesis postula que los seres humanos no memorizamos sin más nuestras experiencias: no somos meras grabadoras.

Las personas analizamos activamente la información recibida, le buscamos sentido e intentamos integrarlo con nuestro conocimiento previo, ¡todo ello sobre la marcha!

¿Acaso no es Facebook un enorme tablón de anuncios donde "pegamos" nuestras fotos, vídeos y mensajes de texto? ¿No nos recuerda *Avatar* de James Cameron a *Bailando con Lobos* de Kevin Costner? ¿No es verdad que cuando vemos un nuevo modelo de coche en televisión, inconscientemente pensamos: "Tiene la parte trasera como este otro modelo de la competencia"? Y no hablemos de olores y sabores, que siempre estamos buscando en nuestra memoria cosas que olían o sabían igual a lo que tenemos cerca en ese momento.

Quizá penséis que todo esto que estamos contando está basado en unos pocos experimentos sueltos, pero Richard E. Meyer no es el único en apoyar otra forma de enseñar. El doctor John Medina, autor del libro

Exprime tus neuronas: 12 reglas básicas para ejercitar nuestra mente, nos habla también de otra ventaja de usar presentaciones visuales: el ESI –Efecto Superior de la Imagen– – *PSE –Picture Superiority Effect* en el original–.

En su libro, Medina comenta lo siguiente:

"Si la información se presenta de forma oral, la gente recuerda un 10% de lo explicado, medido 72 horas después de la presentación. La cifra sube al 65% si añades una imagen."[29]

Si algo hemos de sacar claro de estos experimentos y de la nueva teoría del aprendizaje multimedia es que para conseguir transmitir con éxito una idea empleando un lenguaje multimedia hemos de seguir las siguientes máximas:

- Evitar colapsar el canal dual

- Presentar las ideas de forma simple y organizada para facilitar su asimilación

- Ser motivadores en nuestra transmisión de información para mantener la atención de la audiencia objetivo.

Por tanto, tendremos que preocuparnos de preparar nuestras presentaciones de tal forma que cumplan estas "normas".

En primer lugar, empleemos diseños claros y sencillos en nuestras exposiciones: poco, poquísimo texto para evitar colapsar los canales y nuestra memoria de trabajo al transmitir de forma simultánea el mismo mensaje por ambos canales. Recuerda que poco texto acompañado de una imagen consigue transmitir mejor la información y que se recuerde durante más tiempo. No os preocupéis, que profundizaremos en cómo diseñar nuestras diapositivas en el capítulo dedicado a este punto.

---

[29] *Exprime tus neuronas: 12 reglas básicas para ejercitar nuestra mente*, John Medina. No obstante, en este caso hemos tomado el texto de la edición original –*Brain Rules*–, ya que era la única versión disponible en el momento de escribir este capítulo. Por eso es posible que este párrafo – traducido por nosotros mismos - pueda diferir ligeramente de lo incluido en el libro en castellano.

Renuncia a las viñetas –los famosos *bullet points*; éstas están bien en el área de notas de la presentación, a modo de esquema. Recuerda que la audiencia está ahí, delante de ti para escuchar una historia, no para unir los puntos del esquema que tú traces en pantalla.

Como ya hemos comentado, nuestra memoria de trabajo realiza un proceso de filtrado de aquella información que recibimos. Si no tienes cuidado a la hora de organizar las ideas de tu presentación de forma que las ideas clave sean fáciles de identificar y relacionar con conocimientos previos, éstas serán difícilmente asimilables por tu audiencia. Todo tu esfuerzo habrá sido en vano.

No todo lo que tienes que contar es importante, o tiene la misma importancia, NO la tiene. Seguir la máxima contraria sería caer nuevamente en la trampa de la capacidad ilimitada de las antiguas teorías del aprendizaje. Cuando todo es importante, nada lo es. Es tu responsabilidad como ponente el organizar la información de la forma más simple y asimilable posible –simple, que no simplista. Hablaremos de cómo organizar nuestra presentación en el capítulo de *Preparación*.

Quizá veas esta nueva forma de hacer presentaciones demasiado atrevida o incluso revolucionaria. Es normal, estamos demasiado habituados a presenciar una única forma de hacer las presentaciones, en la que se cometen una y otra y otra vez todos los errores antes mencionados y, a pesar de todo, nosotros mismos hacemos las presentaciones de esa forma. Por eso este libro, para mostrar que **hay otra forma de entender las presentaciones y conectar con vuestra audiencia.**

Queremos ser tus Morfeos[30] particulares. Si tomas la pastilla azul, fin de la historia, despertarás en tu cama y creerás lo que quieras creer. Si tomas la roja te quedarás en el país de las maravillas y nosotros te enseñaremos hasta donde llega el camino del...

CAMBIO

Tenemos que CAMBIAR esta situación. Hay que salvar a todas esas personas que día tras día asisten a aburridas presentaciones. Ese es el

---

[30] Morfeo es un personaje de la saga cinematográfica *Matrix*, fue también el que liberó al *Elegido*. Tú eres nuestro elegido, ¿quieres salir de Matrix?

objetivo de este libro... Hay que CAMBIAR la manera de hacer presentaciones cuyo objetivo sea exponerlas en persona: tenemos que hacer presentaciones VISUALES, que ayuden a las palabras que salen de nuestra boca, que estimulen a la audiencia y que conecten emocionalmente con ésta y que, sobre todo, consigan transmitir esa valiosa información que tenemos en nuestra mente. Porque recuerda: puedes tener una idea fabulosa, pero si no consigues convencer a la gente de lo buena que es, no sirve para nada. Por eso tienes que probar esta forma de entender las presentaciones y conectar con tu audiencia.

Por supuesto, esto supone desafiar el statu quo y salir de la posición de comodidad que tenemos en el momento en el que lo único que hay que hacer es escribir –para luego leer–línea tras línea de texto diapositiva tras diapositiva, sin necesidad de dedicar tiempo a la preparación y el ensayo.

Pero recuerda que el objetivo de una presentación es "conectar con la audiencia", hacerles resonar con tus ideas y discurso para que la próxima vez que convoques una reunión para una presentación, piensen "¡Por supuesto! Este tío sí que sabe comunicar sus ideas".

A lo largo de este libro, haremos todo lo posible por trasmitiros –inocularos– nuestra pasión por la materia, pero después, será ya vuestra tarea esparcir este virus entre todos aquellos que os rodean. El cambio es responsabilidad de todos. La próxima vez que hagas una presentación, aplica los conceptos que verás en este libro. Si ves a alguien abusando de los *bullet points* en su presentación, sugiérele otra manera, tu manera. Encontrarás oposición al principio, pero cuando veas el impacto que tienen tus nuevas presentaciones en la audiencia, te convencerás de que es la manera más efectiva de presentar.

La rana cocida

Sí, sabemos lo que dirá tu jefe –o tu profesor o tus colegas en el trabajo. "Esta diapositiva tiene poco texto", "Si mando esta presentación por correo no se va a entender". Forma parte del desafío al statu quo. No te preocupes.

Hay una leyenda urbana[31] que dice que si metes una rana en una olla de agua hirviendo, saltará despavorida. Pero si la metes en agua fría y vas calentando la olla poco a poco, muy despacio, acabará cociéndose. Pues bien, los jefes –profesores, colegas, etc. – son como ranas: añade a tus presentaciones pequeños detalles que encontrarás a lo largo de todo este libro, poco a poco, muy despacio; y, sin que se den cuenta, un día habrás llevado a tus jefes –profesores, colegas, etc. a tu terreno.

Eso no significa que en todas las presentaciones que te pidan tengas que luchar a muerte para conseguir que sean visuales. Habrá veces donde un alto cargo te pida una presentación para mandar por mail explicando el estado de un proyecto, porque ya sabemos que los altos cargos no pueden leer documentos de Word. En estos casos, tendremos que hacer un docupoint: un documento de Word embutido en diapositivas horizontales. De hecho, me han comentado que muchos altos cargos ni siquiera tienen instalado el Word. Y se rumorea por ahí la existencia de ficheros PowerPoint con las diapositivas en vertical, para que quepa mejor el texto.

Entonces, ¿cuándo podemos usar esta nueva manera de hacer presentaciones? El diagrama[32] de la página siguiente lo muestra de un vistazo: cuando tengas que hacer una presentación en vivo en un ámbito formal.

Es decir, una presentación a un cliente, una propuesta de una idea, una búsqueda de financiación, el lanzamiento de un producto,... son campos donde la presentación Zen –término que empleamos en homenaje a Garr Reynolds, autor de Presentación Zen– tiene su sentido. Informes de beneficios, estrategias, análisis, consultoría, etc, deberían realizarse con un software de edición de textos; eso sí, si te piden que luego presentes eso ante una audiencia, tendrás que preparar una

---

[31] No intenten reproducir esto en casa, es solo una metáfora. Ningún animal fue herido durante la elaboración de este libro.

[32] Este diagrama está inspirado por uno más detallado disponible en el blog de Duarte Design –http://blog.duarte.com/wp-content/uploads/2009/07/presentationlandscape3.pdf–, una de las empresas más conocidas a la hora de diseñar presentaciones y que tiene en su haber la que dio origen a documental de Al Gore sobre el cambio climático, *Una verdad incómoda*. Merece la pena hacerles caso...

presentación a modo de resumen ejecutivo; y en este caso, sí que deberías hacer una presentación visual, que transmita la esencia de la información presentada en esos documentos y hojas de cálculo.

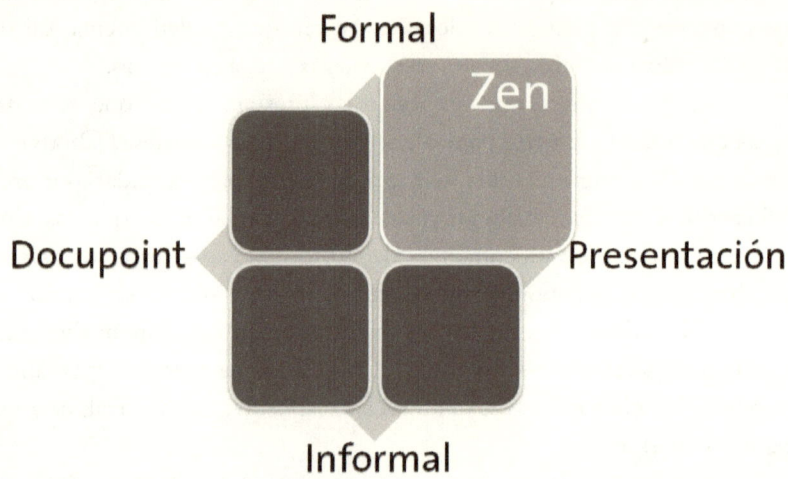

En resumen: deberíamos utilizar programas de creación de presentaciones para hacer presentaciones, y un programa de edición de textos para crear el documento que entreguemos una vez hecha la presentación.

No obstante, dado que muchas personas sólo leen cosas que estén en formato presentación, es más realista preparar una presentación Zen y acompañarla de un *docupoint* –una de esas presentaciones llenas de bullet points y texto. De esa forma, se puede usar la presentación Zen para exponer "en directo" y el docupoint para enviar por mail. Eso sí, no olvidéis que no deberíamos enviar ninguna presentación antes de poder hacerla en persona.

Seguramente, ahora estaréis pensando que eso supone mucho trabajo. Estáis en lo cierto. Hay que seguir una serie de pasos –que luego explicaremos– buscar el soporte gráfico adecuado[33], etc. Es mucho más

---

[33] No solo de imágenes vive el presentador, sino también de ilustraciones, diagramas, esquemas, etc.

costoso que llenar diapositiva tras diapositiva con *bullet points*. Pero tenéis que valorar lo que podéis obtener a cambio.

Si lo que tienes entre manos es una presentación para conseguir un millón de euros de financiación, está claro que tienes que ir a por todas e intentar conseguir que tu presentación deje a los evaluadores maravillados y con ganas de comprar tu producto. En cambio, si lo que estás haciendo es una presentación del estado actual del proyecto para tu equipo, lo que necesitas es algo rápido y eficiente.

Esta última frase no quiere decir que tengamos que presentarles por obligación un listado de bullet points: incluso cuando no dediquemos tiempo a ilustrar nuestra presentación, es muy importante que preparemos bien lo que queremos decir –el mensaje– y cómo queremos decirlo –la historia,– puntos que veremos a lo largo de este libro. Quizá sea este entorno el más adecuado para hacer nuestras primeras pruebas con este tipo de presentaciones y así recibir nuestros primeros comentarios.

Bien, hemos hablado de presentaciones visuales –y eficaces– que deben prepararse. Pero, ¿qué vamos a ver concretamente en este libro? De manera resumida, el ecosistema de una presentación tiene tres pilares en los que apoyarse:

- El mensaje que queremos transmitir, que depende por completo de la audiencia que tengamos delante en ese momento.
- La historia visual, que consiste en cómo las diapositivas forman un todo coherente que fluye para transmitir dicho mensaje
- La exposición o cómo el ponente usa las palabras, el tono de voz y el lenguaje corporal para comunicar ese mensaje, apoyado por las diapositivas

Y eso es lo que vamos a ver a lo largo de los siguientes capítulos: el mensaje y la historia que tenemos que crear durante la fase de preparación de la presentación, el diseño de las diapositivas para que cuenten esa historia y transmitan ese mensaje y, finalmente, cómo exponer la presentación en su conjunto.

¿Estás preparado? Pues vamos a empezar por el primer paso…

PREPARACIÓN

La etapa de planificación debería ser el
momento en que nuestras mentes están
más libres y se han eliminado
todas las barreras

Garr Reynolds,
autor de Presentación Zen

Hasta aquí, hemos visto los errores que cometemos habitualmente en esas, nuestras "maravillosas" presentaciones de todos los días, consiguiendo que nuestra audiencia no se sienta importante y que acabe aburrida, sin hacer caso de lo que queremos comunicar.

Para evitar esta situación, tenemos que aprender a hacer presentaciones desde el principio, olvidando todo lo que creíamos saber hasta ahora. Tenemos que desaprender, porque en este segunda parte, vamos a hablar de cómo se prepara —o debería de prepararse— una buena presentación. Y "buena" significa que esté preparada, sea visual y orientada a nuestra audiencia, algo que solemos omitir muy a menudo.

Decía Aristóteles que

" El sabio no dice todo lo que piensa pero piensa todo lo que dice.

Por alguna extraña razón, hay gente que cree que una presentación no necesita preparación, que basta con coger unas cuantas diapositivas de otras presentaciones que tenemos y juntarlas casi al azar para tener algo que enseñar.

Vamos, que en cuanto nos dicen que hay que hacer una presentación, nos sentamos inmediatamente al ordenador a buscar por nuestro disco duro diapositivas que puedan encajar en lo que tenemos que contar. O peor aún: usamos el mismo fichero de PowerPoint para todas las presentaciones, importándonos un bledo el que sea para nuestro equipo de trabajo, nuestros jefes o el becario que acaba de entrar.

Realmente, la persona que tiene que encargarse de hacer una presentación tiene que ser como Rocky Balboa: puede tener músculos, pero hay que preparar cada combate de acuerdo con el rival que nos toca en suerte. Es decir, nadie duda de que sepas de qué hablas o de que tengas inteligencia suficiente para hacer una presentación, pero tienes que prepararla de acuerdo a la audiencia a la que le vas a exponer el tema. Pero como decíamos antes, esta fase se olvida muchas veces.

¿Por qué? Debido a la llamada "ya que". La llamada "ya que" es esa que recibes y que transcurre más o menos así:

- Dígame
- Hola, Juan, ¿qué tal estás? ¿Qué tal el fin de semana?
- Bien, bien, blablablabla…
- Oye, y, ¿andas muy liado?
- Bueno, estoy poniéndome al día con blablablabla
- Pues "ya que" estamos, necesito una presentación para mañana sobre X, así que ponte con ello cuanto antes y me lo mandas.
- Vale, me pongo ahora mismo y te mando lo que pueda a última hora.

Y así se encargan las presentaciones hoy en día. El problema está a ambos lados del teléfono: ninguno de los dos es consciente de que hay que *preparar* una presentación. En primer lugar, hay que saber a quién le vas a contar la presentación y qué es lo que le interesa a tu audiencia del tema que tú dominas —o a veces, ni siquiera lo dominas—, y cuánto tiempo vas a tener. En segundo lugar, en el ejemplo mostrado, ni siquiera va a exponer la presentación la misma persona que la va a preparar —mejor dicho, la persona que va a hacer las diapositivas—. No hay problema en que una persona elabore la presentación y otra la exponga, pero siempre que la **preparen** juntos: que ambos sepan qué es lo que se quiere transmitir y en qué puntos se quiere hacer mayor énfasis.

Pero además, la llamada "ya que" tiene secuelas. No, no nos referimos a secuelas físicas o mentales —que también puede haberlas en función del sobreesfuerzo requerido—, sino a secuelas como las de las películas. A la primera llamada "ya que" le seguirán otras, porque como la primera presentación que te han encargado *ha ido bien*, pues puedes hacerlo siempre así, de un día para otro. ¿Ha ido bien? ¿Qué entiendes por "ha ido bien"? ¿Qué le has leído a tu audiencia lo que ponía en las diapositivas? ¿Han entendido lo que les estabas contando? Más aún, ¿recordarán algo mañana o tendrán que leerse las diapositivas llenas de texto que les mandarás por correo para intentar relacionar lo poco que recuerdan con ellas?

Pero además, seguro que en el futuro, cada vez que tengas que hacer unas diapositivas sobre el mismo tema, recurrirás a las que ya has hecho y las pegarás con otras nuevas e incluso quizá tomes alguna prestada de presentaciones de otros compañeros o hasta de internet. ¿Qué queda entonces? Un *frankenpoint*, todo un monstruo de Frankenstein donde cada diapositiva tiene un aspecto distinto. O si prefieres hablar de ropa, has conseguido una colcha de *patchwork*, confeccionada con retales, todos diferentes entre sí.

Se dice que la fase de preparación de la presentación constituye el 80% del éxito, definiendo éxito como convencer a tu audiencia de que lo que cuentas es verdad y que además está lleno de ventajas para ellos. Tus diapositivas pueden no ser atractivas, pero si has preparado bien el tema, podrás contestar a todas las preguntas con seguridad, podrás utilizar material de apoyo como datos y estadísticas y eso vale más que las diapositivas. Recuerda que el proyecto o idea se lo van a "comprar" a la persona que está exponiendo la presentación, no al creador de PowerPoint (o Keynote o Impress o lo que estés usando).

Conclusión: la preparación necesita **tiempo**. Así que cuando tu jefe te diga que quiere que hagas una presentación de un día para otro, intenta conseguir más tiempo para obtener el mejor resultado.

Y, ¿cómo se prepara una buena presentación? La receta es sencilla, ya que no hay más que tres pasos para conseguirlo.

ANTES DE NADA

Vale, hemos dicho que íbamos a ver los tres pasos, pero permitidnos primero dar un consejo fundamental: hay que **alejarse del ordenador**. Un ordenador es una herramienta muy útil si le decimos lo que tiene que hacer, pero aún falta que la tecnología avance unos años para que sea capaz de sugerirnos mensajes o formas de interesar a nuestro público. El cerebro humano piensa de forma no lineal y eso es precisamente lo opuesto a lo que hace un ordenador. Es necesario que liberemos nuestro cerebro de cualquier atadura —en este caso, en forma de software— para que dé de sí todo lo que puede.

"¿Qué apague el ordenador? ¿Seguro?". Sí, sí, aléjate de él. Desconecta por unos minutos y apaga el monitor para poder dedicarte a esta tarea. Si dejas la pantalla encendida, los avisos del Yammer, tu cliente de Twitter, la mensajería instantánea y el correo electrónico no te permitirán centrarte...

Tus mejores amigos en esta fase van a ser el lápiz y el papel. Estas herramientas permiten que tu mano vague libremente y que una idea dé paso a otra de manera no lineal. Tu mano se convertirá en una extensión de tu cerebro, y verás esta no-linealidad desde el principio.

Y, una cosa más: antes de los tres pasos, necesitamos conocer algunos conceptos primordiales.

MENSAJE

Decían en Cowboys de ciudad que el secreto de la vida es *una sola cosa*. Te quedas con eso y el resto no importa. "Y, ¿cuál es esa cosa?", preguntaba Billy Crystal a Jack Palance. "Eso es lo que tienes que averiguar". Me encanta este diálogo...

Extrapolándolo a las presentaciones, vamos a grabarnos a fuego en nuestro cerebro este mantra: "Nuestra presentación tiene que hablar de una sola cosa". Y a eso le vamos a llamar *el mensaje*.

¿Qué es el mensaje? Es el resumen de tu presentación en una línea; es lo que quieres que todo el mundo recuerde al día siguiente; es el mantra de tu presentación; es el anzuelo para enganchar a la audiencia para despertar su interés por lo que vas a contar. Piensa en el mensaje como si fuera la frase que resume una película, y que le contarías a un amigo si te pregunta eso tan típico de "¿De qué va?". En definitiva, es la razón por la que ha venido tu audiencia a verte.

Por ejemplo, el mensaje de este libro es: "Hay otra forma de entender las presentaciones y conectar con la audiencia". El de tu presentación, podría ser: "Vamos a ahorrarte 350 licencias de Oracle gracias a la virtualización", "Con este lector de libros electrónicos, puedes llevar toda tu biblioteca en el bolsillo" o "En este coche, hay sitio para todos y para todas sus cosas".

Ya que hemos hablado de "anzuelo" y de "recordar", ¿qué mejor imagen que la de Dory, el divertido pez de "Buscando a Nemo", para representar a nuestra audiencia? Tenemos que pensar que nuestro público recibe millones de datos al día, en forma de presentaciones, documentos, vídeos, conversaciones, correos electrónicos, etc. Por ese motivo, su capacidad de atención y de retención debe dedicarse a lo que realmente les importa y/o se les presenta de forma impactante. Por eso nuestro mensaje tiene que engancharles desde el principio. Piensa que tu audiencia va a salir de la sala y se les va a olvidar lo que les has contado ¡al cabo de cinco minutos! – o menos.

Para comprobar si nuestro mensaje es capaz de sintetizar nuestra presentación de la manera más atractiva para nuestra audiencia, podemos someterlo al test del ascensor –*Elevator pitch*–.

Imagina que vas a ver a la persona a la que vas a hacer la presentación y cuando llamas a la puerta de su despacho, se está poniendo el abrigo porque le ha surgido un tema urgente y tiene que marcharse. Sólo puede dedicarte el tiempo que tarda en bajar en ascensor hasta el garaje. ¿Qué le contarías en tan breve trayecto? Ése es tu mensaje.

Como comentábamos antes, el mensaje es lo que quieres que recuerde tu audiencia cuando se va de la sala, así que usa estas tres técnicas para conseguir tu objetivo:

1) El mensaje debe ser corto. no más de 10 palabras. Tiene que ser como el titular de una noticia en un periódico: que invite al lector a leer el resto. Tiene que caber en un twit –140 caracteres–. Si hay prensa en tu charla, dales el titular ya hecho. Aprende de Steve

Jobs: "MacBook Air, el portátil más fino del mundo". Incluso el nombre del producto "Air" evoca ligereza.

2) El mensaje debe estar hecho con palabras sencillas. Olvida todas esas palabras de la jerga del mundo actual como "sinergias", "segmentos de mercado", "social media" o similares. Sí, puede ser que tu audiencia entienda esa jerga, pero cuanto más rebuscado sea el mensaje, más difícil será que lo recuerden de forma fidedigna a como tú se lo transmitiste.

Imagina que tienes una empresa de galletas. En tiempos de cambio, tecnología y modernización, podrías tener un mensaje como el siguiente: "La empresa seguirá siendo competitiva en el mercado en constante movimiento de la alimentación mediante los valores basados en nuestra tradición artesana, que permiten ofrecer a nuestros clientes productos de calidad con gran valor diferencial y precio ajustado, de reconocido prestigio en el sector". Este mensaje tiene unas palabras muy bonitas, pero no hay ser humano que lo pueda recordar 3 segundos después de que lo hayas pronunciado durante una presentación.

Para simplificarlo, escojamos las palabras que queremos que "suenen" en los cerebros de los asistentes: competitiva, valores, tradición artesana, productos, valor diferencial y precio ajustado, prestigio. 6 elementos.

Todavía son demasiadas cosas que recordar, así que recortemos un poco más y quedémonos con: competitiva, artesanos, relación calidad-precio. Son sólo tres palabras, pero aún queremos conseguir un mensaje más corto, eficaz y memorable.

Si escogemos como mensaje "Somos artesanos", ¿no estamos evocando con ello ese horno de la esquina, atendido por un simpático panadero con las manos llenas de harina y que ponía auténtico mimo en su trabajo? Con el "somos artesanos", conseguimos transmitir que nuestros productos están hechos con atención a los detalles, que por eso tienen un valor diferencial y que tienen una gran relación calidad-precio. ¿No es un gran mensaje para una presentación?

"Somos artesanos, somos diferentes" es el lema de la empresa Reglero, que es posible que recordéis porque cada cierto tiempo *repiten* este mensaje en sus campañas en prensa y televisión[34].

Por cierto, dada la cantidad de *anglicismos* que usamos hoy en día, otra cosa importante es revisar que nuestra audiencia va a entendernos cuando los usemos. Ojo a esas palabras tan bonitas como "kick-off", "management", "recruiting" o "delivery", que pueden quedar muy bien en una sala de reuniones de tu empresa, pero que tu audiencia puede no entender.

3) Hay que repetir el mensaje varias veces a lo largo de la presentación –pero sin llegar a ser pesado–, y sobre todo, al final de la misma, en la última diapositiva. Hay que hacer que nuestra audiencia salga con el mensaje aprendido.

Y una vez que tenemos el mensaje, podemos pasar a la *historia*.

A los seres humanos nos encantan las historias. Las películas y los anuncios tienen un mensaje, pero se encargan de envolverlo con una historia. Los seres humanos recordamos mucho mejor las cosas si hay un hilo conductor que une los fragmentos de información. Igual que una película no es una secuencia de fotografías, tu presentación no puede ser una secuencia de diapositivas.

LA HISTORIA

Bien, ya tenemos el mensaje: lo que queremos contar. El mensaje viene a ser el resumen de una película en una línea. Si digo: "El viaje de Luke Skywalker para descubrir su destino" para referirme a Star Wars,

---

[34] Como se puede ver en http://www.marketingnews.es/gran-consumo/noticia/1052970028005/reglero-apuesta-diversos-formatos.1.html

seguro que lo entendéis mejor. Pero ahora me falta el guión: cómo es ese viaje y de qué etapas consta.

Lo primero que tenemos que tener en mente es que exponer una presentación tiene que consistir en contar una historia. No debemos olvidar que el ser humano lleva en los genes la necesidad de comunicarse y que hasta hace relativamente poco, la única manera de hacerlo era de manera oral y sin usar diapositivas. Recuerda sino esa escena de tu libro de Historia con los hombres primitivos alrededor del fuego contando lo que habían aprendido para cazar mamuts o las vidrieras de una catedral para narrar la biblia a un pueblo que no sabía leer.

Por ello, es muy importante que una presentación sea sobre todo una historia, algo que es infinitamente más fácil de seguir que una colección de diapositivas aisladas. Piensa en que te gusta más: un cómico contando una colección de chistes sueltos u otro con un monólogo, como hacían en El Club de la Comedia, con una historia donde se van entretejiendo anécdotas graciosas, con las que además te sientes identificado porque son situaciones de la vida real –aunque exageradas–.

Pero no podemos contar en una presentación "Lo que el viento se llevó": lo bueno si breve, dos veces bueno. Por tanto, nuestra presentación debe ser breve; eso no quiere decir simple, ni muchísimo menos: basta con profundizar en los detalles lo necesario para ceñirnos al tiempo de que disponemos. Pero hablaremos de esto más adelante...

Está claro que el principal desafío para la preparación de la presentación es cómo crear una historia. Habrá veces en las que sea fácil, porque lo que tenemos que contar tiene de por sí una estructura que se puede seguir bien. Pero, ¿cómo contar una historia cuando la presentación es sobre el estado de un proyecto o sobre cómo usar un software? Más aún: ¿cómo contar una historia que interese a nuestra audiencia concreta?

Lo primero que tenemos que ver es cómo se construye una historia, y para ello, vamos a empezar por ver **qué partes** debería tener.

Si recordáis los tiempos en los que estudiábamos literatura, nos dijeron que toda historia tiene:

- **Introducción**. Presentación de los personajes y su situación actual, el contexto.

- **Nudo**. La trama principal, donde se desarrollan las historias que acontecen a los personajes.
- **Desenlace**. El malo muere y la princesa se casa con el príncipe y el público aplaude. En las películas de Disney, además, cantan.

Y ahora os preguntaréis: "¿Pero de qué habla este tío? Eso es para los cuentos y las novelas, ¡esto es XXXX!" –donde XXXX es una empresa, una universidad, una conferencia, etc–.

Bien, vamos a hacer unos pequeños cambios.

- Donde decía Introducción, pongamos **Situación Actual**. Y haremos lo mismo que en una novela: presentar a los personajes –la audiencia– y ver dónde están –el contexto, quiénes son, cuáles son sus antecedentes, etc–
- Donde decía Nudo, expondremos el **Problema** en profundidad. Algunos ejemplos: tienes demasiados servidores, tu sistema de comunicaciones es lento, tus datos no están seguros. Y daremos datos que demuestren que el problema está ahí. Vamos a solucionar un problema, no a buscarlo...
- Y, por último, donde decía Desenlace, hablaremos de la Solución: el problema se soluciona con nuestro producto, servicio o idea. Como decíamos: el malo muere y la princesa se casa con el príncipe y el público aplaude. Y tendremos que intentar no "cantar", como hacen en las películas de Disney.

Y ahora que tenemos claro que nuestra presentación tiene que transmitir un mensaje y contar una historia, vamos con los tres pasos...

PASO 1: EL MAPA MENTAL[35]

O también llamado *Mapa de Ideas*. El cerebro humano piensa de manera no lineal y para ello pueden ser muy útiles los mapas de ideas, donde los conceptos van dando paso a otras ideas, como puedes ver en la figura adjunta.

---

[35] Ver definición en Wikipedia: http://es.wikipedia.org/wiki/Mapa_mental

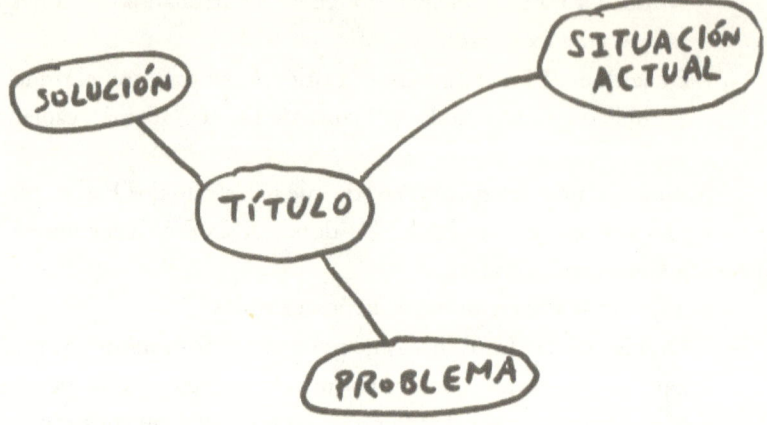

Toma una hoja de papel grande o una pizarra y coloca en el centro del papel o pizarra el título de tu charla: no tiene por qué ser definitivo, es un recurso para centrarte en lo que vas a contar.

"Y ahora, ¿qué hacemos?", te preguntarás. Si tu presentación no acierta a conectar con la audiencia, estás perdido. Es como si te contaran algo que no va contigo: finges escuchar mientras por dentro piensas "pero a mí, ¿qué me importa esto?". Tienes que saber quién es tu audiencia antes de lanzarte a pensar en la información que quieres transmitir. Recuerda que debe ser la más adecuada en cada situación y por eso hay que tener en cuenta no sólo quién asistiría, sino también cuándo y dónde. Estos parámetros pueden ayudarte más de lo que imaginas a la hora preparar tu presentación.

Así que ten en mente lo que desean y lo que necesitan y su miedo a que el problema que has venido a solucionar siga haciéndoles perder tiempo y dinero. Tienes que preguntarte:

- ¿Qué les da miedo? Puede ser perder dinero, malgastarlo, que la competencia les supere, etc.

- ¿Qué desean? Puede ser ganar más dinero, algo que motive a sus empleados, algo que les diferencia de la competencia, etc.

- ¿Qué necesitan? Esto es lo que más nos importa. Nuestra audiencia puede desear algo que no necesite, o incluso no ser consciente de lo que necesita. Será necesario que hagamos trabajo de pasillo o que tengamos un primer contacto más informal para tener más información sobre este punto.

No es fácil averiguar la respuesta a estas preguntas. Para ello, podemos hacer "trabajo de pasillo", preguntando a conocidos o empleados de los miembros de la audiencia, o incluso directamente a dichos miembros. En el caso de eventos organizados, la empresa o persona que se ha ocupado de promocionar dicho evento tendrá una idea más o menos clara del perfil de los asistentes.

También podemos buscar en internet información sobre los asistentes, si sabemos sus nombres y apellidos: gracias a Facebook, Twitter, blogs y demás, es relativamente sencillo encontrar los gustos y preocupaciones de las personas e información sobre las empresas.

Y ahora, con la audiencia en tu cabeza, vamos a seguir adelante...

Coloca las siguientes tres ideas alrededor del título asignado a la charla, para que la estructura de tu presentación siga la de una historia:

- situación actual de la audiencia

- problema de la audiencia

- solución para ese problema

Y desarróllalas: ve apuntando las ideas que se te ocurran en la pizarra y ve uniendo con flechas los diferentes conceptos que vayan surgiendo espontáneamente. Da rienda suelta a tu cerebro y deja que vuelque todo su conocimiento, todo lo relacionado con la charla en la pizarra. Eso sí, prohibido escribir más de una o dos palabras en cada "bocadillo": estamos escribiendo conceptos, no la respuesta a un examen de Historia. Fíjate en la imagen siguiente: no verás ningún párrafo de texto en la pizarra que nos hemos sacado de la manga: sólo los bocadillos, con sus conceptos y las flechas que nos dicen cómo están relacionadas las ideas que han brotado de nuestra mente. Y no hace falta rellenar el mapa de ideas por orden: colócalas en donde corresponda conforme se te ocurran; no pasa nada por empezar por la solución y luego seguir con la situación actual.

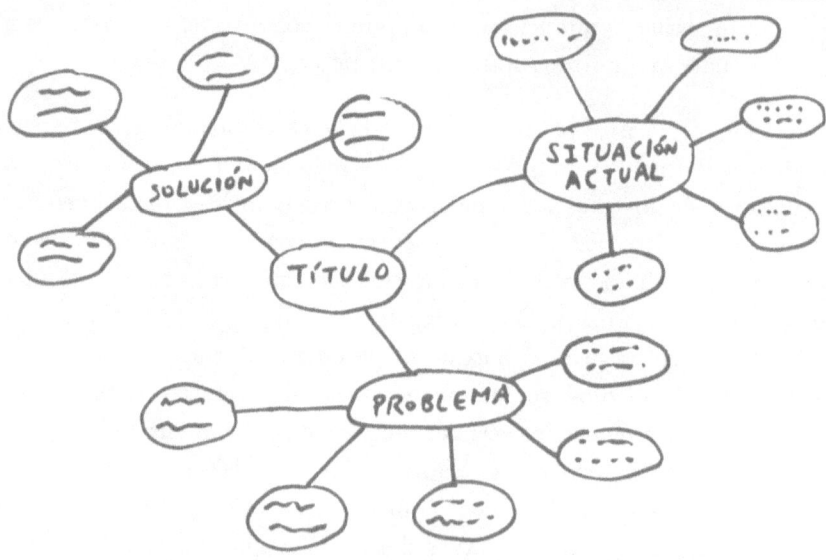

Seguramente, al terminar, tendrás en la pizarra o papel más contenido del que cabría en el tiempo de exposición que tienes asignado. Recuerda emplear solo un 80% del tiempo que tienes asignado —por si el público llega más tarde, por si el ponente anterior se extiende o, simplemente, deja ese 20% del tiempo para responder preguntas.

Así que vamos a usar esta regla del 80% y vamos a. recortar el mapa con juicio: vuelve a pensar en la audiencia y quédate solo con lo que quieren saber. No hay que rasgarse las vestiduras por no contar todo lo que sabes: la presentación no trata de eso, sino de contar algo que tu audiencia necesita saber. Ya habrá más oportunidades para demostrar tus amplios conocimientos sobre ese tema en presentaciones posteriores, la documentación que entregues —y hablaremos de ello más adelante— o escribiendo un libro.

El caso es que vamos a eliminar cosas que no son imprescindibles para nuestra charla, para ceñirnos al 80% del tiempo que tengamos disponible, como decíamos antes. Así que cogemos el mapa de ideas y borramos o tachamos lo que sea más superfluo, pero sin que perjudique al hilo conductor que hemos diseñado para nuestra historia. Si alguna de las cosas que tachamos es necesaria para la historia, o bien la historia no se centraba en lo realmente importante o estamos tachando algo que sí que necesitamos contar a nuestra audiencia para solventar su problema.

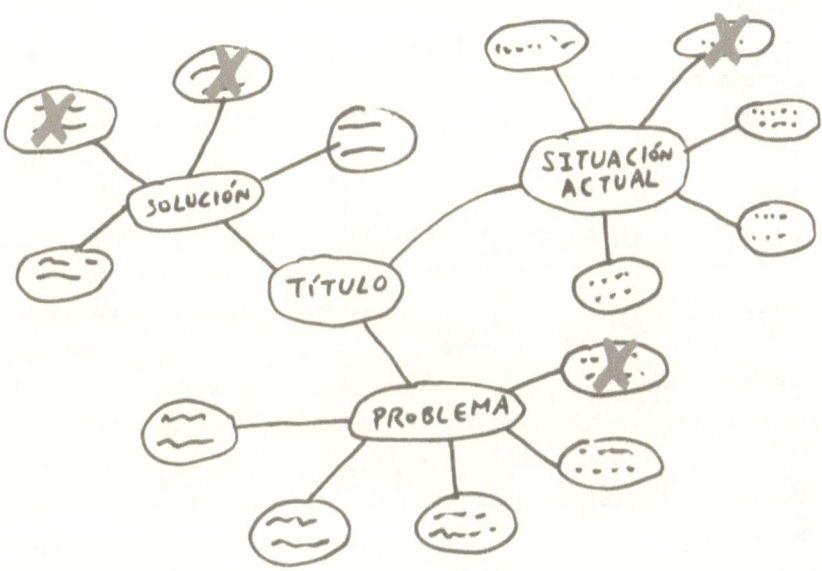

No podemos pretender que la misma presentación nos sirva para todo el mundo: cada grupo de personas ha venido a nuestra charla por un motivo concreto. No es lo mismo presentarle tu empresa a un becario que acaba de entrar, o a un socio con el que vas a hacer negocios o a un inversor: Descubramos por qué está nuestro público ahí para escucharnos, como hemos comentado antes y adaptemos el mapa mental a ese público concreto que va a escucharnos.

Aunque estamos hablando de hacer esto en papel, hay software que nos permitirá plasmar nuestros mapas de ideas en formato digital, como FreeMind, MindManager o Visio. Pero ¡recuerda!: ahora sólo usamos medios analógicos. Ya pasarás al ordenador más adelante.

Seguramente, ahora estarás pensando algo como "¿Y cómo demonios se me va a ocurrir a mí lo que necesito para rellenar el mapa mental y para inventarme un mensaje?". Pues posiblemente te ayuden las siguientes *técnicas de ideación*.

Técnicas de ideación

En este inciso vamos a ver una serie de técnicas que nos ayudarán a abrir nuestra mente y encontrar nuevas maneras de enfocar lo que queremos contar. En definitiva, nos ayudarán a plasmar lo que queremos contar de una manera más fácil de entender para la audiencia, a partir de la información de que disponemos.

Es posible que nos toque preparar la presentación a nosotros solos, pero también puede pasar que la presentación sea lo suficientemente importante como para que la tengamos que preparar junto con un equipo de trabajo. Aunque en adelante vamos a tener como premisa de partida este segundo caso, la manera de afrontar la sesión de ideación es la misma –aunque alguna de las técnicas puede no ser aplicable cuando estás solo–.

La primera de estas técnicas de ideación seguro que la conocéis: el *brainstorming*. Nos juntamos con nuestro equipo en una sala y escribimos el tema en una pizarra asegurándonos de que todo el mundo lo entiende.

En este caso, el tema es saber qué queremos contar, qué queremos transmitir en nuestra presentación, mientras que el equipo puede ser nuestro equipo de trabajo habitual –que puede conocer posibles maneras alternativas de presentar su trabajo– o el grupo que está preparando la presentación. Incluso si la presentación la tienes que preparar tú sólo, nunca está de más contárselo a alguien –mejor incluso si nunca ha oído hablar del tema de la presentación– para que te aporte comentarios, sugerencias y críticas, claro.

Una sesión de brainstorming tiene las siguientes normas:

- No criticar. Por disparatada que parezca una idea, en este momento de la ideación estamos dejando volar nuestra imaginación para librarnos de prejuicios y soluciones preconcebidas.

- Proponer todas las ideas posibles. Lo dicho: no seas tímido –o tímida– y di lo que se te ocurra.

- Escuchar las ideas de todos los miembros. Como hemos mencionado, nada de criticar: escucha a todos con la misma atención que deseas para ti.

- No discutir. Ya llegaremos a ese momento, no te preocupes.

- Expresarse claramente. Aunque sea una idea de locos, tiene que entenderse qué es lo que quieres decir.

- Anotar todo en la pizarra, hoja de papel, cuaderno o lo que sea. Ya descartaremos ideas más adelante.

Cuando acabemos, sacamos una foto a la pizarra o pasamos las ideas a un papel y las guardamos para una posterior ronda de filtrado que determinará cuáles de las ideas van al mapa mental con el que empezábamos la sección.

En cuanto al *brainwriting*[36], se trata de un complemento del brainstorming muy interesante cuando en el equipo de trabajo hay gente que tiende a monopolizar la conversación o, al contrario, que es muy tímida y no aporta ideas por miedo al qué dirán. Seguro que conoces personas de ambos tipos entre tus colegas de trabajo y amigos.

En este caso, se trata de reunir al equipo y definir el tema a tratar: ¿cuál es la información sobre ese tema particular que queremos transmitir a nuestra audiencia concreta?

Cada miembro tiene una hoja en blanco donde anota el título de la presentación y tres ideas para esbozar cómo lo contarían ellos. Cuando se acaba el tiempo —5 minutos son suficientes—, se pasa la hoja hacia la derecha y se vuelve a empezar; así, hasta que todos hayan escrito en todas las hojas, de tal forma que todos aporten ideas. Luego se analizan las ideas y se extraen máximo tres sobre las que profundizar.

Otra técnica que nos puede venir bien es la de la *analogía*. Se trata de usar fotografías o ejemplos de la naturaleza para visualizar nuevas perspectivas y nuevas soluciones para nuestro problema: cuál es la mejor

---

[36] Esta técnica está basada en la actividad del mismo nombre que aparece en Tinkertoys, de Michael Michalko. Fuente: *GameStorming*, Gray, Brown y Macanufo

forma para transmitir la información que tenemos entre manos y conseguir nuestro objetivo –informar, persuadir, motivar, etc.–.

Básicamente, la pregunta a hacerse en este momento es: ¿A qué se parece lo que estoy presentando? Muchas veces, la respuesta a esta pregunta nos asalta cuando estamos lejos de nuestro lugar de trabajo, paseando por la calle o el campo, jugando con el perro o los niños o viendo una película o anuncio.

Un ejemplo muy claro de analogía es una semilla de arce, que cuando cae al suelo, va dando vueltas como la hélice de un helicóptero. Seguro que la propulsión a hélice debe mucho a esa humilde semilla.

Algunos ejemplos:

-   Si tu producto es sobre seguridad en redes, ¿funciona como un policía –que cuanto alguien comete una infracción, le avisa con un toque de silbato– o es más bien como una caja fuerte –que requiere de una combinación para poder acceder al interior?

-   Si tu servicio es de comunicación, ¿funciona como un *walkie talkie* –solo puede hablar una persona en cada momento– o como un teléfono –donde ambos pueden hablar y escuchar simultáneamente–?

-   Si la presentación consiste en dar una visión de tu empresa, ¿por qué no imaginarse a un becario que entra a trabajar en ella por primera vez? Todo el mundo ha entrado alguna vez en un sitio desconocido, por lo que la analogía conseguirá que la audiencia asocie la nueva información con lo almacenado en su memoria a largo plazo.

Otros ejemplos: podríamos decir que un iPod es toda tu colección de música... O que leer libros en un lector de eBooks es como leer los ingredientes y demás información impresos en un cartón de leche.

No toda la presentación tiene que girar sobre esta analogía o metáfora. Es decir, aunque nos sirva para que nuestra audiencia entienda a la perfección algún aspecto de nuestra charla, no tenemos que obsesionarnos porque todas las ideas que lancemos (o las diapositivas que usemos) se basen en esa analogía.

Por ejemplo: aunque leer libros en un lector de eBooks sea como leer un cartón de leche, no tiene mucho sentido que nuestra presentación verse por entero sobre "tetra briks", vacas y centrales lecheras. Evidentemente, hay analogías que permiten hacer toda esta equivalencia concepto a concepto, pero no es lo más habitual.

Un ejemplo: los programas de puntos de las operadoras de telefonía móvil. Aquí sí podríamos establecer paralelismos con otros programas similares, como los de las compañías aéreas.

El cliente proporciona sus datos para obtener la tarjeta –igual en ambos casos–, hace el gasto proporcionando su número de tarjeta –en el caso de las compañías telefónicas no es ni siquiera necesario– y obtiene descuentos en los productos de la empresa –billetes de avión en un caso y teléfonos móviles en otro–. Por eso es muy fácil explicarle a una persona habituada al canje de puntos por teléfonos móviles cómo funciona un programa de fidelización de una compañía aérea. En cuanto le digamos "es como", va a asociar la nueva información a lo que ya conoce, consiguiendo que los nuevos datos se recuerden mucho mejor.

A veces, conviene examinar lo que queremos presentar –idea, producto, servicio– desde otro punto de vista radicalmente diferente, para lo cual nos servirán estos métodos descritos a continuación.

El anti-problema[37]

Este método nos servirá para ver qué pasa si nuestra presentación intenta contar justo lo contrario de lo que pretendemos.

- Lo primero es pensar en una situación, producto o concepto relacionado con el tema de la presentación e idear supuestos o elementos clave asociados con esta situación

- Estos supuestos los escribimos al revés, los invertimos. O bien, cogemos un objetivo e intentamos conseguir lo contrario

- Finalmente, pensaremos en cómo hacer que estas ideas invertidas sean significativas

---

[37] Esta técnica está basada en una actividad llamada "Reverse It", del sitio web de diseño de juegos de Donna Spencer, http://www.designgames.com.au

Por ejemplo, si la presentación es para conseguir más ventas de un producto concreto, pensemos en cosas que ahuyentarían a los compradores potenciales: que fuese muy caro, que el servicio postventa fuera inexistente, etc.

Ahora cogemos esas cosas que espantan a los compradores y las ponemos en positivo: que el producto sea barato, que se proporcione un servicio postventa impecable, etc.

Cambio de personalidad

Yendo un paso más allá, vamos a intentar ver nuestras ideas desde un punto de vista radicalmente diferente.

- Para ello, pensaremos el tema desde el punto de vista de un personaje –histórico, actual, de cine, de tebeo, de cuento, un niño, de dibujos animados, …

- Luego se hace un brainstorming intentando presentar la información de que disponemos pensando como el personaje elegido en el paso anterior

- Se convierten las ideas sugeridas por cada personaje en algo significativo para el tema que estamos tratando

Un ejemplo: ¿cómo le venderías tu idea de un coche eléctrico a Spiderman, que no le va a ver ninguna ventaja porque se traslada siempre en telaraña, que contamina también muy poco? Peter Parker gasta menos en gasolina que una lombriz en guantes, así que, ¿qué otras ventajas podemos ofrecerle para cambiarse a un coche eléctrico?

Crear una limitación

Se trata de crear una limitación para estimular otras emociones y satisfacer otros sentidos. Piensa en cómo enfocaría nuestra idea un ciego, un sordo, una persona inválida,… Si los colores de tu página web están basados en colores rojos y verdes, ¿cómo lo vería un daltónico?

Tras estas sesiones de ideación, dispondremos de un montón de material del que partir para crear el mapa mental, que debe adecuarse en cada caso a las necesidades de la audiencia. Quizá os parezca mucho material, pero lo importante es tener ese punto de partida para el tema en concreto sobre el que estamos trabajando. Luego le iremos dando forma de acuerdo a lo que necesitemos contar en esa presentación concreta.

Pero además, todo ese material adicional nos va a servir para nuestra presentación, aunque no lo vayamos a utilizar durante la misma. Preparando el mapa de ideas, hemos ido pensando en cosas que, seguramente, no habíamos contemplado en un primer momento: hemos sacado fallos de nuestro producto, nos hemos hecho preguntas sobre la viabilidad de nuestra idea, hemos desenterrado cosas que no veíamos,…

Eso nos permitirá contestar a las preguntas que nos haga el público, demostrando que hemos preparado a fondo el tema de la presentación. Recuerda que una comunicación es algo bidireccional y que si no te hacen preguntas es porque el tema no les interesa o porque no han entendido nada. Por eso es tan importante la etapa de preparación, porque te permitirá contestar prácticamente cualquier pregunta que tenga la audiencia. Y dar respuesta a las dudas que tenga tu audiencia es la mejor manera de convencerles de que sabes de lo que estás hablando: te convertirás en un referente para ellos en ese tema, cosa que tiene un gran valor tanto para el momento de la presentación, como de cara al futuro

Y como remate a la elaboración del mapa de ideas, recuerda que toda esa información plasmada en la pizarra o papel estar guiada por el mensaje. El mensaje debe ser capaz de sintetizar toda la historia de tu presentación.

Y, ¿qué hacemos primero? ¿El mensaje o la historia?

Depende. En ciertas ocasiones está muy claro el mensaje que quieres transmitir –que contraten a tu empresa, que los alumnos se matriculen en tu asignatura, mostrar que hay otra forma de entender las presentaciones y conectar con tu audiencia, etc. Pero otras veces, no lo sabemos. Sin embargo, el mensaje va tomando forma conforme contamos la historia y se revela al final del proceso de creación de la misma. Siempre que al final tengas un mensaje breve y claro, no importa cuándo surge. Pero, por favor, UN mensaje.

Y, ¿cómo plasmamos esto en diapositivas? Pues mediante el siguiente paso…

PASO 2: EL STORYBOARD

Como has visto, crear una presentación no es demasiado diferente de rodar una película. Ahora mismo, tenemos en nuestra mente el mensaje que queremos transmitir y la historia que vamos a contar y, para plasmar eso en un soporte visual –sean diapositivas, un vídeo o una servilleta– tenemos que planificar cómo hacerlo, mediante un *storyboard*.

Si sois aficionados al cine, es posible que hayáis visto en los extras de algún DVD –o en algún programa de cine– o en algún programa de estrenos alguna secuencia de "detrás de las cámaras" o "making off". En estas escenas, habitualmente el director muestra cómo ha pensado una escena antes de rodarla, y podemos ver a su lado una gran corchera con dibujos hechos a mano que representan el decorado de la escena, cómo se va a mover la cámara, hacia donde van los personajes y cuál es el tema de esa escena resumido en un par de líneas a lo sumo.

Este storyboard se hace para tener muy claro qué va a pasar cuando alguien grite "¡Acción!" y no malgastar el tiempo de todo el equipo de rodaje. ¡Imagina lo que cuesta un minuto de Russel Crowe o Julia Roberts! Si nos dedicamos a hacer lo primero que nos venga a la cabeza mientras grabamos una escena es altamente probable que lo tengamos que tirar a la basura, y con ello, los minutos de Russel y Julia, los de cámaras, maquilladores, encargados de iluminación, etc...

¿Acaso quieres hacer perder el tiempo a tu audiencia? Si es una charla de una hora y han venido a verte 30 personas, ¿vas a tirar a la basura esas 30 horas, más desplazamientos?

Por eso tenemos que planificar nuestras diapositivas, nuestra "película", dejando el menor número de cosas al azar. Y para ello, igual que en el cine, vamos a utilizar un storyboard.

Pero antes de lanzarnos a ello, tenemos que tener muy clara una cosa: la duración de nuestra charla. ¿Recuerdas lo del 80% del tiempo? Tenemos que ceñirnos estrictamente al tiempo que nos hayan asignado. Ya lo hemos comentado antes: eso significa que tenemos que ser capaces de contar sólo lo estrictamente necesario.

Voltaire decía que

" El secreto para aburrir a la gente es contarles todo.

Tenemos la tendencia a querer contar todo, absolutamente todo de nuestra idea/proyecto/empresa en una presentación. NO HACE FALTA. Guy Kawasaky también opina que debemos dejarles con hambre de más. ¿Para qué vas a vender un coche empezando a hablar de que el motor tiene distribución por cadena y está hecho en aluminio? Empieza enseñando el coche, permitiendo que la gente se suba en él y aspire ese olor a nuevo y escuche cómo cierran las puertas. Evidentemente, si alguien te pregunta por la curva del par motor, como tienes controlado el tema, sabrás responderle.

Piensa en tu presentación como si fuera el *tráiler* de tu película[38] o el anuncio para la televisión de lo que estás contando. ¿Cuánto dura un anuncio en este medio? Unos 30 segundos. Eso es suficiente, para que si

---

[38] Eso sí, no hagas como esos *trailers* que te prometen de todo y luego la película no hay quien la vea

lo que se anuncia te interesa, acudas luego a la tienda o a la web y te den un folleto, un documento de texto, con todo el listado de características que necesitas para decidir si quieres comprar lo que te ofrecen.

Recuerda: si intentamos contar todo, corremos el peligro de que nuestras diapositivas se conviertan en un montón de texto que los asistentes leerán mucho más rápido mentalmente que nosotros en voz alta. Y eso significa que no nos harán ni el menor caso, aburriéndose hasta que nosotros terminemos de leer…

Para evitar esto, es importante recordar que **una presentación tiene tres partes**[39].

En primer lugar, tenemos las diapositivas, que son una ayuda visual para que los asistentes recuerden nuestras palabras asociándolas a una imagen concreta. Piensa en ellas como si fuera una de esas vallas publicitarias con el anuncio de un coche: sólo muestran la foto del coche y cuatro cosas más, pero es lo que sirve para captar la atención y que hace que luego vayas al concesionario a conocer más detalles.

En segundo lugar, tenemos las **notas** de la presentación, un espacio creado para que el ponente pueda tener un apoyo para que no se olvide del guión. Si alguna vez has ido a comprar un coche, es posible que hayas visto al vendedor consultando una ficha para hacer hincapié en las características más atractivas del coche. Son sus notas, que le sirven para hilar el discurso de la manera más convincente para tu situación particular.

Y por último, tenemos la **documentación** que entregaremos impresa o de la que suministraremos un enlace —en este último caso, siempre podrán acceder a la última versión— para que el público pueda llevársela y leerla con calma. Es el equivalente al folleto del coche que te llevas a casa y que contiene todas las características y equipamiento de serie y opcional que puede llevar ese modelo, incluyendo las medidas, las gráficas de rendimiento del motor y no-se-cuantas cosas más. ¿A qué ningún vendedor te aburre con todo esto cuando te enseña el coche? Seguramente, lo único que haga sea abrirte la puerta del coche e invitarte a entrar, a sentarte en el asiento, a respirar ese olor a coche nuevo —que está

---

[39] Más información sobre estas tres partes en el libro *Presentación Zen*, de Garr Reynolds

estudiado para que quieras comprarlo–, a tocar la tapicería,… Intenta venderte el coche gracias a sensaciones y luego te da todo el papeleo. Y es que muchas veces compramos por impulso y luego lo intentamos justificar por los datos.

Por tanto, si te piden que envíes la presentación, lo que tienes que mandar es la documentación, no el fichero de PowerPoint o Keynote. Eso no sirve para nada si no estás tú contándolo.

Como decíamos antes, hay empresas donde te piden toda la documentación en PowerPoint.. No pasa nada: usa las diapositivas visuales para la presentación en vivo y entrega el docupoint cuando acabes. Es una alternativa perfectamente realista.

Pero, en cualquier caso, sigue esta norma: no entregues la documentación ni la presentación antes de empezar. ¿Te gustaría tener el guión de una película antes de que empieces a verla en el cine?

Bien, pues dicho todo esto, pongámonos manos a la obra con el storyboard. Igual que antes, el primer paso es apagar el ordenador; de hecho, debería estar apagado desde antes de ponernos a preparar la presentación, pero vamos a recordarlo por si lo has encendido para leer el correo. "Pero, ¿no íbamos a hacer diapositivas?". Recordemos: es importante dejar que nuestra mente vague libremente: de esa forma, nos vendrá mejor la inspiración.

Podemos utilizar *postits* para ir dibujando lo que queremos transmitir en cada diapositiva. Los postits tienen una ventaja y es que podemos pegarlos y despegarlos tantas veces queramos sobre una pared, de tal forma que podemos reorganizar las diapositivas para que fluyan con la historia.

O en vez de postits, también podemos usar una pizarra bien grande donde podamos ir dibujando qué queremos mostrar en cada diapositiva.

Ahora, coge esos postits –o una libreta– y ve a un lugar tranquilo: pasea por el parque, haz una excursión, ve a una cafetería acogedora,… Esto es lo más difícil: aislarse del mundo exterior. Resérvate una sala de reuniones, enciérrate en el baño, lo que sea. Tu mente necesita tranquilidad para tener buenas ideas.

Ahora que ya tienes un sitio tranquilo, postits y bolígrafo –o pizarra–, vamos a establecer la estructura de la presentación basándonos en las partes que tiene nuestra historia –recuerda el mapa de ideas que hemos hecho hace un rato. Por tanto, **estas serán las primeras 5 diapositivas** para tu presentación:

1) **Título y autor.** Tenemos que buscar un título impactante para que el público asista a nuestra charla, y además, sea una declaración de intenciones. Un título corto y atrayente, fácil de leer. No te tomas una presentación del mismo modo si se titula "Consecuencias del 3D en la recaudación de las salas de cine españolas" o "¿Puede el 3D salvar el cine?". Empieza por escribir en el primer postit el título que utilizamos cuando creamos el mapa mental, ya trabajaremos luego en la versión definitiva. Recuerda que en tu mapa mental, las primeras tres ideas que rodeaban el título de tu charla eran situación actual, problema de la audiencia y solución, así que vamos a reflejar ese primer nivel del desarrollo de la charla en las siguientes diapositivas.

2) **Situación actual.** Pon una palabra o dos que describan la situación actual *de la audiencia*. En la parte trasera del postit escribe el esquema del texto que deberías exponer mientras esa diapositiva aparece en pantalla, basándote en las notas que tomaste cuando estabas trazando el mapa mental y en la historia que has desarrollado

3) **Problema de la audiencia**. Igual que antes, usa una palabra o dos para la diapositiva y desarrolla el tema en la parte trasera del postit, incluyendo lo que vas a contar.

4) **Solución.** Procede igual que en las dos diapositivas anteriores, recordando hacer hincapié en los beneficios de la solución para la audiencia Normalmente, en la parte de la solución, nos sentimos inclinados a hablar de las *características* de nuestra idea/producto/servicio; pero lo importante para la audiencia son siempre los *beneficios* que le va a reportar lo que les estamos. Recuerda: ¿Por qué está tu público ahí? Estos beneficios no tienen por qué ser económicos: puede ser imagen pública o satisfacción de un cliente, por ejemplo.

Y, ¿en qué se diferencia una característica de un beneficio? Pues para eso es muy importante imaginarte a un pequeño duendecillo en tu hombro que siempre dice "¿Y qué?"[40]. Veamos algunos ejemplos, donde el beneficio para la audiencia aparece marcado en negrita:

- Mi algoritmo de encriptación es AES de 256 bits. ¿Y qué? Es muy seguro e invulnerable. ¿Y qué? **Tus documentos estarán a salvo de cualquier amenaza.**
- El sitio web está basado en módulos. ¿Y qué? Podemos actualizar cualquier módulo de manera independiente, sin reiniciar el servidor. ¿Y qué? **El sitio web siempre estará listo y actualizado para atender a los usuarios.**
- El motor del coche es de seis cilindros. ¿Y qué? Acelera de 80 a 120 Km/h en 8 segundos. ¿Y qué? **Adelantarás a los otros coches más rápido, algo que es más seguro en carreteras de doble sentido.**

Como veis, citar las características puede ser totalmente prescindible: es en los beneficios en lo que tenemos que hacer hincapié. Además, tanto en uno como en otro caso, no merece la pena decir más de tres: está demostrado que el cerebro humano recuerda mejor las cosas si están agrupadas de tres en tres –por ejemplo, introducción, nudo y desenlace o mensaje, historia visual y exposición– y no suele recordar más de ese número de elementos en un mismo conjunto.

5) **Resumen.** En esta diapositiva deben aparecer dos cosas:

- Algo que dé *nombre* a la solución que estás presentando. Debe ser corto y fácil de recordar y que tenga relación con lo que hace el producto. ¿Un ejemplo? iPhone, el teléfono inteligente. ¿Otro? Windows, un sistema operativo basado en ventanas. Vale, esto era fácil porque eran nombres de

---

[40] Inspirado por el libro *El arte de empezar*, de Guy Kawasaky

productos, pero tienes que intentar encontrar algo fácil. La gente recuerda mejor los conceptos si tienen un nombre propio: una empresa, un modelo de coche, una iniciativa, incluso una operación militar. No hace falta que este nombre aparezca en el título de la presentación, pero sí al final. Por ejemplo, nuestro seminario se llama "El Arte de la Presentación", pero nuestra diapositiva de resumen contiene el nombre de nuestra web "PresentacionesArtesanas.com".

- *Beneficios* para la audiencia, para sus clientes, para su imagen, etc. Pon como máximo los tres más destacados: de todas formas, la gente no suele recordar más de tres cosas, como decíamos antes. Mejor aún, si tu mensaje consigue sintetizar los beneficios que proporciona lo que estás presentando –cosa que te recomendamos encarecidamente–, termina la exposición repitiéndolo una vez más e incluso poniéndolo por escrito en esta diapositiva. Aquí abajo tienes la que usamos nosotros en nuestras charlas.

Esta diapositiva es la que quieres que recuerden tus clientes al día siguiente: tu producto y sus beneficios. Si el tiempo que tienes asignado para tu presentación, de repente tiende a cero —porque los asistentes tengan que irse, porque ponentes anteriores se hayan "comido" tu tiempo, etc–, esta es LA DIAPOSITIVA que tienes que mostrar.

También deberías dejarla puesta desde que acabas tu presentación hasta que te vas de la sala. El propio mensaje debería continuar con una *llamada a la acción*, un "y ahora, ¿qué?" para que la audiencia sepa qué tiene que hacer a continuación: aprender a hacer presentaciones de otra manera, contratarte, fijar una próxima reunión, etc.

En ocasiones, estos **siguientes pasos** se dan por supuesto: si estás presentando un producto nuevo y tu presentación ha conectado con tu audiencia, lo que se espera a continuación es que vayan a comprarlo —sólo diles cuándo. Pero normalmente, tras una presentación, lo que quieres es que te digan cuándo vais a seguir hablando del tema.

Otras veces, el siguiente paso es una acción concreta por parte de tu audiencia. Si la charla versa sobre calentamiento global, deberías acabar con algo como "Podemos disminuir nuestro impacto en el medio ambiente con pequeñas acciones como poner el lavaplatos en el programa económico, reciclar nuestros residuos o ducharnos en vez de lavarnos. Cosas tan simples como estas permitirán a nuestros hijos heredar un planeta en mejores condiciones. Así que la próxima vez que estéis a punto de poner el lavaplatos, de tirar papel al cubo de basura normal o de daros un baño, pensad en ello."

Así que, **las partes de que debería constar nuestra presentación**, son:

- Título

- Situación actual
- Problema
- Solución –donde nos detendremos en los beneficios, más que en las características
- Resumen y llamada a la acción

Ahora revisa esas diapositivas "troncales" y el texto que las acompaña –lo que has escrito por detrás del postit– y que habrás tomado del mapa de ideas de hace un rato. Si ese texto contiene más de una idea, deberás utilizar más diapositivas para desarrollar cada uno de esos actos. Recuerda: una diapositiva, una idea. Y además, esa idea tiene que poder ser sintetizada en pocas palabras, porque ese será todo el texto que pongas en tu diapositiva. No uses fuentes menores de 40 puntos, te estarás obligando a sintetizar.

Por tanto, puede ser perfectamente posible que la diapositiva de "Situación actual de la audiencia" quede convertida en 4 ó 5 postits, igual que en el mapa mental tenías varias ideas rodeando el concepto "Situación actual". O que la descripción de la solución incluya 10 ideas. No obstante, recuerda la regla del 80% y que la capacidad de retención del público es limitada: no es necesario contar todo en tu exposición.

Un buen consejo es tener postits de dos colores distintos: usa un color para esas diapositivas principales y otro para aquellas donde expliques los detalles. Así tendrás una serie de diapositivas "índice" que dejarán claro a tu audiencia en qué punto de la exposición te encuentras.

El siguiente paso es esbozar en los postits una imagen que refuerce la información que quieres transmitir. Si estás hablando de vacunas, podría ser un niño enfermo. Si es de la escasez de agua, un terreno seco y agrietado. Huye de los tópicos y no caigas en la trampa de dibujar lo que pone el texto de la diapositiva: refuérzalo, apela a las emociones de la audiencia, dibuja seres humanos, emplea metáforas, diagramas, vídeos o animaciones para transmitir eficazmente una idea.

Sí, es cierto: es muy difícil que se te ocurran cosas para rellenar todos los postit con esos bocetos, pero por eso te hablamos más delante de algunas fuentes de inspiración que te pueden dar unas cuantas ideas.

Otra alternativa a los postits es utilizar la el modo vista "Clasificador de diapositivas"[41] de PowerPoint —otros programas para hacer presentaciones disponen de opciones similares—: podríamos escribir una frase en cada una de las diapositivas, imprimirlas y así tener un folio por diapositiva para poder pintar qué es lo que mejor transmite esa frase.

Y mientras estás dibujando y escribiendo, siempre, siempre, recuerda a tu audiencia, so pena de que mueran por PowerPoint. Hay que tener en cuenta a la audiencia en todas las fases de la presentación: en el mensaje, a la hora de idear nuestra historia, en cada diapositiva, etc.

PASO 3: LAS DIAPOSITIVAS

Ahora que ya tenemos claro cómo vamos a contar nuestra historia y cuál es el mensaje que queremos transmitir, llega el momento de encender el ordenador y empezar a hacer diapositivas[42]. Y, evidentemente, alguien se preguntará: "¿Cómo paso del dibujo lamentable que he pintado a diapositivas? ¿Y cómo coloco la frase de la diapositiva con cierta elegancia ¿Y las fotos?".

Eso es precisamente lo que vamos a ver en la siguiente sección. Así que, ¿a qué esperas para pasar la página?

---

[41] Te recordamos que puedes ver una explicación de los diferentes modos de visualización que ofrece PowerPoint en nuestro blog: http://www.presentacionesartesanas.com/blog.php/2011/04/24/vistas-en-powerpoint.html

[42] Aunque este paso es totalmente opcional. Aunque no lo creas, aún hay gente que presenta sin usar diapositivas. Y lo hace realmente bien.

DISEÑO DE DIAPOSITIVAS

El diseño [...] se centra en la
comunicación visual y
en la presentación

*Definición de Wikipedia para
el término Diseño Gráfico*

En esta tercera sección vamos a hablar del diseño de las diapositivas en sí. A estas alturas, ya tenemos un mensaje a transmitir y sabemos la historia que vamos a contar, pero nos falta saber cómo trasladar esa historia a las diapositivas. El primer paso fue el storyboard que acabamos de hacer, anotando qué debería ir en cada diapositiva, pero nos falta expresar esas anotaciones de una manera visual.

Para ello, lo primero que vamos a ver es dónde podemos buscar la inspiración necesaria para conseguir diapositivas que conecten con la audiencia, que sean las más adecuadas para transmitir el mensaje.

FUENTES DE INSPIRACIÓN

No cabe duda de que el cine es una gran fuente de inspiración. No sólo nos servirá para tomar ideas de cómo representar información en forma de imágenes, sino que contamos con la ventaja de que el fotograma de una película siempre hará a la persona que lo vea rememorar las sensaciones que le transmitían la música o el sonido ambiente o los actores en esa película.

El cine

Algunos recordareis aquella escena de La Guerra de las Galaxias: Una Nueva Esperanza en la que Luke acaba de discutir con sus tíos porque se quiere ir a la academia y no le dejan[43]. Entonces, sale al exterior y la película nos ofrece una imagen donde multitud de elementos nos llaman la atención.

En primer lugar, hay dos soles en la imagen y eso nos da una pista de que no estamos en la Tierra. Además, no hay ninguna otra construcción en el horizonte, por lo que asumimos que estamos en una zona desolada y que no hay otras personas en muchos kilómetros a la redonda. Además, el protagonista aparece de espaldas a la cámara, por lo que tenemos la sensación de que lo que quiere es alejarse de ese entorno. ¿Habéis visto cuántas palabras quedan expresadas en una sola imagen?

---

[43] La escena se puede encontrar en YouTube, en
http://www.youtube.com/watch?v=wEUGF3NGbPg. También aparece al buscar por "Binary Sunset" en dicha web de vídeos. También se puede encontrar en Google Images buscando por el mismo término, como por ejemplo en
http://englishteacherman.files.wordpress.com/2009/07/binarysunset2.jpg

Pero además de eso, la gente que vea ese fotograma, recordará la música de la película, lo que ha pasado antes de llegar a esta secuencia y lo que pasará después, haciéndoles rememorar el momento en que vieron la película. Es decir, con un fotograma conseguimos un doble objetivo: el impacto visual en sí y el impacto emocional al relacionar el público esa imagen con las experiencias que vivió viendo esa película.

Eso sí, tened en cuenta que no todo el mundo ha visto las mismas películas, así que hay que escoger los fotogramas con cuidado; como siempre, piensa en tu audiencia para deducir qué películas pueden ser más adecuadas.

Por otro lado, las películas o series de televisión también nos dan ideas para el tratamiento de los colores. En CSI, por ejemplo, hacen uso de la sugestión causada por las paletas de colores; si sois aficionados a la serie, sabréis que hay tres, digamos, "franquicias" relacionadas con estas siglas: Las Vegas, Miami y Nueva York.

Aunque los casos sean similares y la manera de resolverlos también, cada una de las series tiene una paleta de colores específica: verde para Las Vegas, —quizá por el dinero – naranja para Miami, —el calor de los trópicos— y gris azulado para Nueva York —la polución, el 11-S, etc.

Por tanto, las paletas de colores pueden reforzar también el mensaje que estás intentando transmitir. Los tonos cálidos – naranjas, rojos— pueden expresar violencia o pasión; los tonos fríos —azules, verdes pálidos— suelen asociarse a hechos objetivos o la carencia de emociones. Pero también puedes usar el blanco y negro para una situación pasada y el color para el futuro prometedor que tu mensaje quiere provocar.

Los comics o tebeos

Otra posible fuente de inspiración son los comics. En su libro, *Understanding Comics: The Invisible Art*, Scott McCloud nos da la siguiente definición sobre los comics:

❝ Conjunto de ilustraciones puestas en una secuencia deliberada que pretende expresar información y/o producir una respuesta estética en el lector.

Ilustraciones, secuencia, expresar información, respuesta en el lector,... ¿Estáis de acuerdo en que se parece bastante a lo que queremos conseguir de nuestras presentaciones? Esas presentaciones son secuencias de diapositivas –recordad que queremos contar una historia visual y nuestras diapositivas constituyen un conjunto ordenado– que intentan expresar información y además provocar una respuesta en el público.

Como en el cine o en la pintura, hay obras maestras en este arte que podrán aportarnos nuevas maneras de contar historias. Comics como *Watchmen*[44] (Alan Moore y Dave Gibbons), *Kingdom Come* (Mark Waid y Alex Ross), *El Regreso del Caballero Oscuro* (Frank Miller y Klaus Janson), etc hacen uso de un amplio abanico de técnicas narrativas que os pueden dar muchas ideas y es una buena fuente de inspiración para diseñar nuestras presentaciones.

Pero vamos a ver un ejemplo con un comic[45] delante y vamos a analizarlo para ver las ideas que nos puede dar.

---

[44] Te enseñamos (y analizamos) las dos primeras páginas de este comic en nuestro blog: http://www.presentacionesartesanas.com/blog.php/2011/08/19/watchmen-y-el-uso-de-t-cnicas-narrativas.html

[45] Esta tira procede del webcomic *Sinergia Sin Control*: http://sinergiasincontrol.blogspot.com/2011/05/211-convalecencia.html Licencia CC BY-NC-SA. Incluida con permiso del autor.

¿Ya lo has leído? Espero que te haya hecho sonreír…

Fijaos en primer lugar en la distribución de las viñetas que forman esta tira cómica. Salvo la última de ellas, las viñetas de cada columna siguen la misma distribución, enfrentando a los dos personajes que están chateando mediante sus ordenadores, cada uno en un entorno distinto: uno en una cama y otra en lo que parece una oficina. La última viñeta rompe totalmente esta continuidad para "rematar" el chiste.

Fijaos también como la cara de Sarah, pese a carecer de ojos o boca, consigue transmitir las sensaciones por las que va pasando: nervios, acaloramiento, etc. Y no perdáis de vista el detalle de cómo están diseñados los bocadillos durante la conversación por chat: exactamente igual que aparecen los mensajes en un programa de estas características.

Así que, como veis, la colocación de los elementos en las diapositivas, el usar esta colocación durante toda nuestra presentación hasta que demos el golpe final, las expresiones de las personas que aparecen en dichas diapositivas,…Todo aporta a la historia que queremos contar y a la impresión causada en nuestra audiencia.

Merece la pena revisar comics que tengamos en casa o en la biblioteca para ver las técnicas que usan para contar historias mostrando menos texto y aplicarlas luego a nuestras presentaciones.

Por ejemplo, la técnica del zoom nos puede valer para cuando queremos presentar una idea desde el detalle hasta el más alto nivel, o al revés. Pero también podemos aplicar técnicas como flashbacks y el correcto uso del color: puede permitirnos comparar situaciones pasadas y actuales, o situaciones en las que las cosas se hacen mal y en las que se hacen bien, como comentábamos en el caso del cine.

Publicidad

Otro gran recurso en el que podemos inspirarnos es la publicidad. Piensa en los carteles publicitarios que ves en la carretera: están hechos para convencerte de que compres algo mediante un mensaje que puede leerse y entenderse en unos pocos segundos, reforzado visualmente con una imagen sugestiva.

Siempre recuerdo un anuncio de un coche que vi un día: aparecía la foto del coche y una breve frase –"Lo quieres. Cógelo"– junto al precio.

Sólo con eso, el anuncio es capaz de atraer tu atención para que luego vayas al concesionario a pedir más información. Evidentemente, en la parte inferior de la valla publicitaria hay un montón de letra pequeña con el consumo, las emisiones de CO_2 y esa típica frase de "El modelo visualizado no corresponde con el ofertado", pero en lo que te fijas es en la foto del coche, el precio y el texto.

Los anuncios también pueden darnos ideas para una utilización adecuada de los colores. Por ejemplo, la paleta de colores puede estar basada en los colores corporativos de la empresa o del logotipo del producto que vendes. ¿Cómo? Fíjate en los anuncios de *Special K* de Kelloggs[46]: todas las chicas van siempre vestidas de blanco y rojo, igual que la caja de estos cereales, que es de color blanco con un logotipo en rojo. También puedes ver algún anuncio de crema hidratante donde la modelo que no consigue hidratar su piel lleva un conjunto de color blanco, pero la que usa el producto objeto del anuncio –que hidrata estupendamente,– lo lleva del color del logotipo de la crema.

Otras presentaciones

Y por supuesto, es una gran ayuda ver montones de presentaciones, tanto las diapositivas en sí como vídeos de actuaciones de los más destacados gurús. Hoy en día, gracias a Internet, nada tan fácil como entrar en YouTube, Slideshare[47] o TED[48] y empezar a buscar.

"Perfecto, ya tengo la inspiración necesaria; y ahora, ¿qué?", te preguntarás. Efectivamente, nos falta saber cómo plasmar en diapositivas lo que hemos estado haciendo hasta ahora y eso es lo vamos a ver en la siguiente sección.

DISEÑO

Repasando todas las fuentes de inspiración propuestas, observaremos que están relacionadas con el mundo de la imagen. Imagen, no palabra. Hemos de cambiar de paradigma de representación. No podemos aplicar las normas de la comunicación escrita a la comunicación

---

[46] Por ejemplo: http://www.youtube.com/watch?v=f0MhZNyA6Lg
[47] http://www.slideshare.net/
[48] http://www.ted.com/

visual y, por ende, no podemos convertir un conjunto de diapositivas en un documento: simplemente no es el medio adecuado.

Dado que hemos de aplicar técnicas de la comunicación visual, empecemos por una herramienta ampliamente usada por diseñadores gráficos: las plantillas.

Las plantillas
"¿Plantillas? ¿Bromeas?"

En serio, plantillas. Las plantillas son muy útiles, dentro y fuera de los entornos corporativos para transmitir una uniformidad y una imagen de marca.

Ahora bien, no estoy hablando de las plantillas al uso, esas que vienen precargadas en los programas de edición de presentaciones como PowerPoint o Keynote y que nos suelen llevar por el mal camino, el camino de las viñetas –*bullet points*. Para muestra, una de las diapositivas que nos aparece cuando creamos una nueva presentación en PowerPoint (redoble de tambor)…

No, no hablamos de ese tipo de plantillas, porque las que vienen "de serie" están llenas de viñetas, además de haber sido utilizadas hasta la saciedad por decenas —tal vez cientos— de miles de personas con lo que el impacto inicial generado en la audiencia es, básicamente, nulo … más de lo mismo.

Para que os hagáis una idea, una vez alguien nos contó que hacía poco había asistido a una presentación donde el ponente había usado la misma plantilla que había usado esta persona para su proyecto fin de carrera —y hacía 15 años de eso—.

Lo que te proponemos es que crees tus propias plantillas. De esta forma podrás tener una presentación ZEN cuyo aspecto visual sea homogéneo, pero sin que aparezcan en ella las temidas viñetas -*bullet points*. ¿Empezamos?

En primer lugar, tenemos que decidir cuánto espacio vamos a utilizar de la diapositiva. Si optamos por aprovechar todo el tamaño de la diapositiva, perfecto…

> ... siempre que tú o tu jefe no pretendáis usar (y abusar) de cada centímetro cuadrado. O si pretendes estirar una imagen o diagrama más allá de los límites naturales – y físicos – de la diapositiva. Sé que esto suele pasar, así que tú mismo. De hecho, ésta es una buena razón para hacerlo de manera distinta. Usa una cuadrícula, deja que la diapositiva – y tu audiencia – respire, crea márgenes que nunca cruzarás, salvo por una buena razón y sólo en ocasiones especiales.

¿Recuerdas el ejemplo del *teleprompting*? Pues ya sabes…

Te proponemos emplear una cuadrícula o rejilla de tres, cuatro, cinco columnas o las que creas oportunas. Una rejilla no es más que una forma rebuscada de hablar de una tabla: todo el mundo puede crear una plantilla con las líneas necesarias para una cuadrícula[49].

Una vez que la rejilla está fijada, cada celda creada se convierte en un contenedor para fotos, imágenes, texto… o espacio en blanco - sí, espacio en blanco. Decide qué celda contendrá texto, cuál contendrá fotos, etc. Las celdas pueden usarse individualmente o agruparse para tener más espacio: lo bueno de las celdas es que no tienes que agruparlas siempre de la misma manera, siempre que la composición de la cuadrícula se respete.

En la diapositiva de más abajo, con una cuadrícula 5x5, vemos cómo las tres filas centrales se usarán como área de trabajo –donde ubicar imágenes y textos–, mientras que las dos más extremas se mantendrán prácticamente en blanco para dejar que la diapositiva –y la audiencia– "respire", ubicando en estas bandas únicamente el título de la diapositiva y las migas de pan –*breadcrumb trail*, que dicen los anglosajones– para saber en qué parte de la presentación nos encontramos.

---

[49] Y te mostramos cómo en nuestro blog:
http://www.presentacionesartesanas.com/blog.php/2011/05/27/el-frankenpoint

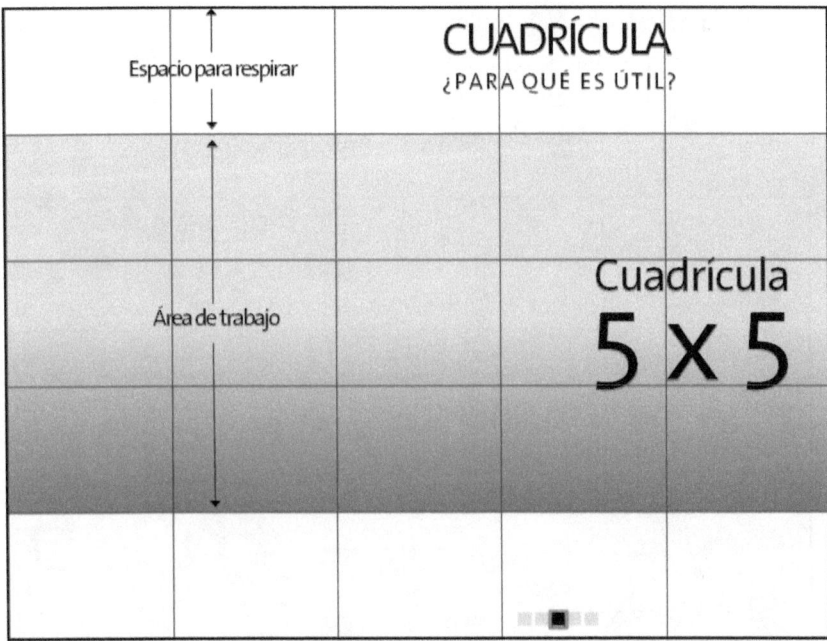

Ciertamente podríamos haber recurrido al común y socorrido letrero de "diapositiva 1 de 20" –por ejemplo– solo que en el campo de las presentaciones visuales, en las que se aplica la doctrina del divide y vencerás –otra forma rebuscada de decir que plasmes una sola idea por diapositiva– podría perfectamente ser más bien 1 de 200. Regresando al ejemplo con el que abríamos el libro, si un lunes a las 15:25 de la tarde, abrís una presentación en cuya primera diapositiva aparezca "diapositiva 1 de 200" a más de uno y más de dos le puede dar un síncope. Es por esto que recomendamos el empleo de otras técnicas gráficas de representación del progreso de la presentación, como es el caso de la conocida metáfora de la barra de progreso, aunque podéis encontrar otras formas para representarlo en nuestr página web

En el caso de la presentación que usamos para nuestros seminarios y cursos, hemos optado por una *cuadrícula 6x6*. Esta elección deja menos espacio para respirar, ampliando el tamaño del área de trabajo.

Además, dicha cuadrícula nos facilita la superposición de una cuadrícula adicional –3x3– marcada en rojo, representando la regla de los tercios y que nos marca una serie de líneas –líneas de poder– y una serie de puntos de intersección –puntos de poder– que nos indican dónde se dirige, en general, la vista de una persona que esté mirando la diapositiva.

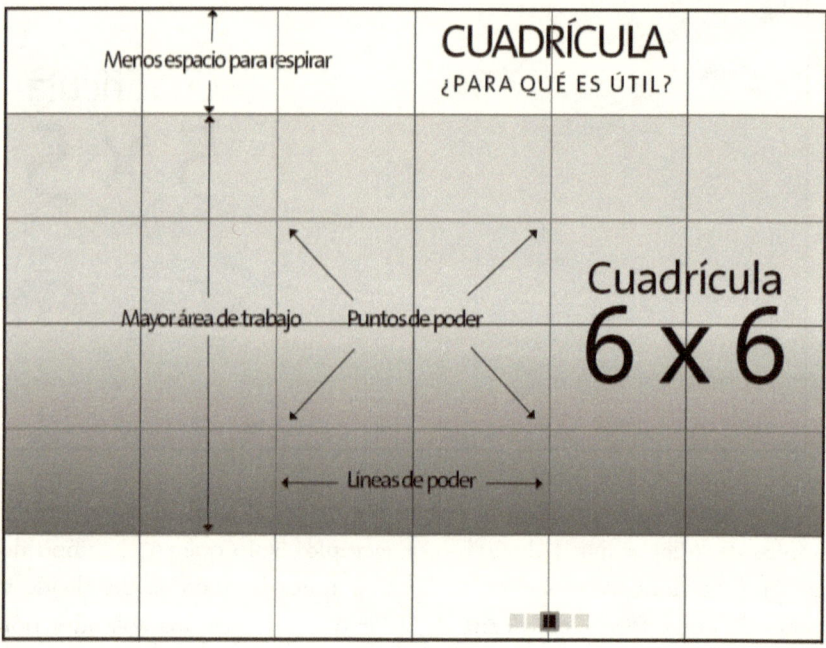

Esos puntos y líneas serán los lugares donde deberemos colocar los motivos centrales de la diapositiva –el texto clave, el motivo central de una imagen, etc–.

Como decíamos antes, la ventaja de la cuadrícula es que nos permite alinear y colocar los objetos de manera sencilla; lo que tenemos que hacer es repetir la colocación de esos elementos diapositiva tras diapositiva, para que el público no tenga que estar buscando los puntos clave cada vez que pasamos a otra transparencia. Recuerda que el ser humano es un animal de costumbres, y es bueno usar el Principio de Repetición a la hora de colocar imágenes y textos en nuestras diapositivas. Nos gusta lo predecible y, si en una nueva diapositiva, nuestros ojos se ven obligados a buscar dónde está ahora el texto/imagen clave, estamos exigiendo un esfuerzo mayor por parte del público, lo que hará que perdamos su atención por más tiempo, hasta que consigan comprender qué es lo que estamos intentando trasmitir con la nueva diapositiva.

Volvamos de nuevo a la Regla de los Tercios. Seguro que habéis visto alguna cámara de fotos donde podemos activar una rejilla que divide la imagen que vemos en 9 celdas. Los cuatro puntos de intersección formados con esta rejilla, se llaman centros de atención –*power points*[50]–, como hemos adelantado antes y son el mejor lugar para situar el sujeto de nuestra foto.

A boy and his shadow por Alberto de Vega

---

[50] Por si a alguno se le ha ocurrido: no, no tiene nada que ver con el programa Microsoft PowerPoint.

En la foto de ejemplo, podemos ver cómo tanto el niño como su sombra –así como el texto que acompaña a la imagen–, están situados sobre las líneas que componen la cuadricula, resultando una imagen más atractiva que si lo hubiéramos fotografiado en el centro –tentación que sentimos, y a la que en ocasiones sucumbimos en muchas fotos familiares.

Procura colocar siempre los textos y elementos centrales de tus diapositivas sobre esos puntos de atención. Una composición que usa la regla de los tercios resultará más atractiva a tu audiencia.

Tipos de letra

En cuanto a los tipos de letra, usa siempre una fuente sin remates o terminaciones en los extremos, también conocidas como paloseco o *sans serif*. Es el mejor tipo de fuente para titulares ya que cada carácter se identifica fácilmente[51]. Comprueba en tu siguiente paseo por la calle o en el coche cómo en los carteles publicitarios se usan fuentes de paloseco así como en las portadas de libros y revistas o los logos de muchas marcas.

Ahora que ya sabemos qué clase de fuente utilizar, ¿cuántos tipos de letra empleamos? Lo mejor es usar un único tipo y utilizar el color, el tamaño o la cursiva para resaltar un término en particular. La razón de esto es doble: por un lado la consistencia y por otro lado tu capacidad de llamar la atención de tu audiencia de forma puntual. Consistencia porque de este modo conseguirás crear una sensación de regularidad en tu audiencia, que captará mucho más rápidamente los mensajes que deposites en las diapositivas y te devolverá mucho más rápidamente su atención[52]. Si, tras generar esta sensación de regularidad en tu audiencia, cambias de forma radical el tamaño o el color de un término puedes dar

---

[51] Date cuenta de que nuevamente volvemos a lo mismo, queremos que tu audiencia pierda en menor tiempo posible interpretando tu diapositiva y el mayor tiempo posible prestándote su atención.

[52] Haz la prueba: en tu próxima presentación incluye una diapositiva con 5 puntos de acción en 5 tipos de letra diferente… verás aparecer la típica cara de poker en tu audiencia mientras tratan de interpretar el por qué de las diferencias de tipos entre puntos de acción. Por supuesto, da su atención por perdida durante unos cuantos segundos y estate listo a sentir cómo sus miradas interrogantes vagan perdidas entre la diapositiva y tu persona.

por seguro que eso va a llamar su atención, siempre y cuando no recurras a ello con demasiada frecuencia o habrás arruinado el efecto sorpresa.

Podríamos relajar, un poco solamente, la regla anterior y permitir la entrada de un tipo de letra auxiliar en nuestras presentaciones, un tipo de letra que emplearemos de forma alternativa a los cambios de color o tamaño en la tipografía principal y cuya función será, como en el caso anterior, resaltar aquello que quieras resaltar. Para lograr dicho objetivo, el tipo de letra principal y el tipo de letra secundario han de ser muy diferentes —si queremos conseguir el contraste— de lo contrario parecerá que se nos hemos equivocado al elegir la fuente.

Ir más allá en el número de tipos de letra es poco o nada aconsejable, ya que producirá confusión en nuestra audiencia.

Los fondos

Otro de los componentes que debemos elegir para nuestras plantillas es el **color de fondo**. Se suele decir que el color blanco —o colores claros— se use para presentaciones informales, para pequeñas salas de conferencias. Este fondo ilumina la sala y da sensación de luz, además de que muchas de las fotos que encontraremos en los repositorios más conocidos tienen fondo blanco, y podremos integrarlas mejor —hablaremos más tarde de eso—. Por otro lado, los fondos oscuros son más adecuados para presentaciones formales, en grandes salas. Este tipo de fondos no permite que los textos arrojen sombra, pero harán destacar cualquier imagen que pongas sobre él.

En nuestro caso, solemos usar un fondo de degradados, que es fácil de hacer en cualquier programa de presentaciones. Los colores seleccionados dependen del efecto que queremos causar o de qué pega mejor con las imágenes y el tema de la presentación. Un poco antes, habéis visto un ejemplo con degradados de grises oscuros —que contrastan con las bandas superior e inferior y aportan un toque de elegancia. También podríais elegir un fondo distinto para cada parte de una presentación para que el público pueda diferenciarlas…

Por ejemplo, en una ocasión diseñamos una plantilla que tenía de fondo unos degradados azules para unas diapositivas y otro fondo con tonos verdes para otras. Esto se hizo así porque la presentación tenía dos partes bien diferenciadas, dependiendo del área de la empresa cuyos resultados se estaban presentando. Estas áreas aparecían en unas gráficas de resultados con dos colores bien distintos: azul y verde. Así que partimos de estos dos colores para que cada sección de la presentación tuviera un fondo de degradados acorde al área de la empresa sobre la que se hablaba. Con este simple gesto, todos los asistentes sabían de qué área estaba hablando cada diapositiva, aunque llegasen tarde o se despistasen unos minutos con el correo electrónico o el móvil.

La paleta de colores

Tras seleccionar el fondo, necesitamos una **paleta de colores** que contraste. Hablar de colores es un tema tremendamente complejo –y nosotros somos de los que opinan que pistacho es un fruto seco, no un color[53]–, pero baste decir que hay una gran cantidad de técnicas para escoger paletas de colores –complementarios, opuestos, tintes, matices, etc–. Aunque a continuación vamos a darte algunas pinceladas prácticas para simplificar este trabajo, no olvides que si tue empresa ya tiene unas plantillas corporativas ya incluirán una paleta con los colores de contraste y colores complementarios, además de estar relacionados con los colores corporativos.

Como hemos comentado en el apartado de fuentes de inspiración, los colores también producen sensaciones. Pero además, durante nuestra vida cotidiana somos bombardeados por multitud de anuncios que intentan que asociemos un color a una marca concreta, por lo que incluso tenemos que tener esto en cuenta. Es decir, si yo pongo un teléfono móvil sobre fondo azul, ¿no pensará la audiencia que voy a hablar de cierta empresa española de telecomunicaciones? ¿Y qué pensará si coloco una persona que acaba de hacer ejercicio junto a unas letras blancas sobre fondo rojo? ¿Vamos a hablar de alguna bebida azucarada con gas de color marrón oscuro?

Para facilitarnos esta tarea de elegir la paleta de colores, hay varias herramientas disponibles en la web. Por ejemplo, tenemos la posibilidad de utilizar Kuler54, una web de Adobe donde usuarios de todo el mundo

---

[53] Alberto: de hecho, cuando visto yo a mi hija, no es raro que mi mujer ponga los ojos en blanco al ver que le he puesto un pantalón rojo con una camiseta rosa.
[54] http://kuler.adobe.com/

comparten sus paletas, entre las que podemos buscar utilizando palabras clave. También es posible generar una paleta de color a partir de una foto, lo que nos ayudará a la hora de que ambos componentes "casen" a la perfección. Por último, Kuler también es capaz de generar una paleta de colores de acuerdo a ciertos parámetros y a partir de un tono determinado que seleccionemos.

En el ejemplo que mostramos a continuación, los cuadros de colores que aparecen debajo de la imagen del niño en la playa son el resultado de haber seleccionado cuatro puntos concretos de la fotografía. Puedes aplicar el mismo principio para obtener una paleta de colores a partir del logotipo de tu empresa, universidad o lo que sea.

No obstante, también puedes crear una paleta tú a mano[55] con cualquier software de edición o visualización de imágenes, como XnView, Paint.NET o GIMP, todos ellos gratuitos.

¿Ya tienes tu paleta? Estupendo, sigamos hablando de plantillas…

Sigue tus propias reglas

Una vez que tengamos nuestra plantilla para las diapositivas, debemos seguirla hasta la muerte. No hay nada más atractivo que una serie de diapositivas que mantienen la misma paleta de colores y lugares donde colocar textos e imágenes. Da sensación de que el autor se ha preocupado de que toda la presentación tenga un formato homogéneo. Además, de esta forma, el cerebro sabe dónde buscar cada elemento cuando se pasa a la siguiente diapositiva, tardando menos en asimilar lo que ve y pudiendo prestar toda su atención al ponente.

Si os fijáis en nuestras presentaciones en SlideShare[56], en cuanto vemos unas cuantas diapositivas, sabemos que pertenecen a una única presentación, porque la colocación de los elementos y la paleta de colores son comunes a todas. Los títulos de las diapositivas, una banda en gris oscuro, la colocación, el tipo de letra, la paleta de colores,… Todos estos elementos proporcionan una sensación de regularidad al espectador que le permiten no distraerse preguntándose por qué cada diapositiva es distinta.

"¿Siempre, siempre tengo que seguir la plantilla?", te estarás preguntando. No, no siempre. Si quieres que una diapositiva sea especialmente llamativa, sáltate las reglas en ella: haz que parte de la imagen sobresalga, cambia la paleta de colores, etc. Pero recuerda: sólo deberías hacerlo en ocasiones especiales, para llamar la atención sobre una diapositiva determinada. Si en todas las diapositivas te saltas las reglas, entonces ninguna de ellas destacará.

---

[55] Te contamos cómo en nuestro blog:
http://www.presentacionesartesanas.com/blog.php/2011/05/31/crea-tu-paleta-de-colores
[56] http://www.slideshare.net/group/prezentations/slideshows

¿Cuántas diapositivas?

"Vale, con todo esto, ya sabemos el espacio que tenemos para poner texto, pero, ¿qué pasa si necesito poner más texto en la diapositiva?". Buena pregunta. Aquí va la respuesta: No debes meter grandes cantidades de texto en una única diapositiva: las diapositivas son gratis, así que reparte el texto en varias, usando el área designada para ello. No pasa nada si tienes 30 diapositivas, si pasas una cada minuto. ¿O crees que tu audiencia lo entendería mejor si tuvieras diapositivas que necesitasen 15 minutos para explicarse debido a la cantidad de información que contienen? El límite lo pone el tiempo disponible para la presentación, no el número de diapositivas. De hecho, tenemos alguna presentación con 30 diapositivas que se expone en 10 minutos.

En resumen: utiliza todos estos consejos sobre paletas de color, tipos de letra y colocación de elementos para crear tus plantillas. En nuestro blog[57] os contamos cómo creamos las nuestras para las presentaciones que hemos publicado en Slideshare[58], así que echadle un vistazo y no dudéis en hacernos vuestros comentarios.

Las plantillas corporativas

Antes hemos hecho una breve mención a las plantillas corporativas y quizá en ese momento has exclamado algo como:

"¡Un momento! ¿Las plantillas corporativas? Pero, ¿tú has visto cómo son?". Sí, sí, sé de cuáles me hablas: esas que tienen un montón de texto repartido en bullet points. Pero es posible usarlas para hacer presentaciones visuales. De hecho, esta presentación se ha hecho partiendo de las plantillas corporativas de nuestra empresa: hemos cogido el tipo de letra corporativa, la paleta corporativa y luego hemos colocado los elementos siguiendo una rejilla 6x6. Así que no es tan difícil contentar a tu jefe y a la vez hacer una presentación visual...

Las plantillas corporativas no están hechas para restringir tu creatividad. Son sólo una guía para que las presentaciones de cualquier

---

[57] Volvemos a mostrarte el enlace:
http://www.presentacionesartesanas.com/blog.php/2011/05/27/el-frankenpoint
[58] http://www.slideshare.net/group/prezentations/slideshows

persona de la empresa mantengan una uniformidad acorde a la imagen de marca. Pero en ningún sitio dice que no puedes poner fotos o que tienes que rellenar obligatoriamente una lista de 10 frases en cada diapositiva.

Y ahora que hemos visto dónde colocar los elementos, hablemos de imágenes…

IMÁGENES

Como estamos haciendo hincapié en que nuestras presentaciones deben ser visuales, no cabe duda de que en algún momento tendremos que hablar de imágenes.. Pues bien, ese momento ha llegado. En esta sección vamos a darte una serie de consejos para para encontrar la imagen más adecuada para tu presentación y público. ¿Que de dónde sacas las fotos? No te preocupes, al final de este libro encontrarás, un listado de bancos de fotos que te será muy útil.

Las imágenes típicas

En primer lugar, nada de usar *cliparts*. Reciben ese nombre las imágenes prediseñadas que vienen con PowerPoint, KeyNote y demás programas para hacer presentaciones. Quedan especialmente mal cuando lo que representan son personas. ¿Acaso es tu audiencia como se representa en este *clipart*?

Además del aspecto de dibujos animados que le das a tu presentación, los *cliparts* están muy vistos. Pero pasa lo mismo con las típicas imágenes que le vienen a todo el mundo a la cabeza cuando oye una palabra determinada. "Global" hará que todo el mundo piense en un globo terráqueo y "Acuerdo" siempre se convertirá en la mente de nuestra audiencia en un apretón de manos. Por eso, como regla general, no debemos usar esas imágenes: sé original. Si muestras un globo terráqueo, la gente lo ignorará, así que usa una foto con caras de multitud de razas distintas: eso sí es global. Además, estás aportando un toque humano que la imagen de nuestro planeta no puede conseguir, aunque hablaremos de eso más adelante.

Por ejemplo, en una de las presentaciones que realizamos hace algún tiempo, había una diapositiva donde teníamos que decir "Queremos ser vuestros socios". ¿Qué te viene a ti a la cabeza cuando oyes la palabra "socios"? Pues un apretón de manos, claro. Nosotros pensamos en sociedades míticas: el gordo y el flaco, Epi y Blas, Batman y Robin, etc. Al final, escogimos Batman y Superman y encontramos una ilustración genial[59] para inspirar el concepto de "sociedad", donde cada parte de la misma complementa a la otra y puede enfrentarse a cualquier cosa…

Sin embargo, hay ocasiones en las que *queremos* usar la típica foto que a todo el mundo se le ocurre: unas piedras redondeadas puestas unas encima de otras siempre representan el Zen, un spa, tranquilidad, relajación, la esencia. Por eso, como todo el mundo sabe lo que representan, son inmediatamente reconocibles y puedes pasar a hablar de estas cualidades sin detener a explicar la foto. Incluso puedes dejar unos segundos sin hablar para aumentar la sensación de quietud.

El tamaño importa

En ningún caso, debemos usar imágenes pequeñas o deformadas: con la cantidad de imágenes que hay en internet, seguro que encuentras una que encaje mejor. Si has encontrado una buena imagen, pero es pequeña, no la estires: queda borrosa y da sensación de aficionado; es mejor que busques otra de mejor calidad. Ya que vas a poner una imagen, escoge una de buena

---

[59] Nota *friki*: el dibujante era Alex Ross. Si sois aficionados al comic de superhéroes, no os podéis perder su página web: http://www.alexrossart.com

calidad. Si en la pantalla de tu ordenador ya queda borrosa, imagínatela cuando se vea en el proyector. Además, las imágenes de alta calidad vas a poder encogerlas, recortarlas y quedarte sólo con la parte que te interese: son mucho más flexibles a la hora de integrarlas en tu diapositiva.

Derechos de las imágenes

Por supuesto, nunca uses imágenes con marca de agua. Las empresas ponen la marca de agua a sus imágenes por un motivo: para que no las uses *por el morro*. Cuando estás asistiendo a una presentación y ves una imagen con marca de agua, la sensación que te da es de auténtica chapuza y que el que ha hecho la presentación es un tacaño. Así que paga por las fotos o usa fotos con licencia *Creative Commons* que te permitan utilizarlas en tus presentaciones, siempre que cites al autor[60] y cumplas ciertas condiciones, como que no modifiques el trabajo original, que no lo uses con fines comerciales, etc.

Respeta los derechos de los creadores de contenidos y las licencias que poseen las fotos que encuentres. Y en caso de duda, pregunta en la web o al autor si les importa que pongas la foto en tu presentación: nunca se sabe quién puede verla.

Otra vez los colores

Otro punto importante es la paleta de colores de las imágenes que usemos, ya que tiene que "mezclarse" bien con la que hayamos seleccionado para los textos o para los fondos.

Pero además de esto, las paletas de colores de las imágenes también pueden provocar emociones en tu audiencia. Las paletas mayoritariamente rojas u ocres dan sensación de violencia, de sentimientos humanos, pero también de calor. Las que contienen colores fríos –como los azules–, además de esa sensación térmica también pueden ocasionar sensación de deshumanización, de falta de sentimientos.

También hay paletas que, inconscientemente, asociamos a cosas de nuestra vida cotidiana: Una paleta de amarillos y verdes puede hacerte pensar en campos de trigo o girasoles. Fotos en blanco y negro

---

[60] Tienes más información sobre licencias Creative Commons en
http://es.creativecommons.org/licencia/

representan el pasado, mientras que colores brillantes pueden hacerte pensar en juguetes de niños o payasos. Intenta que todas tus fotos tengan una paleta de colores similar —salvo cuando quieras causar sorpresa o destacar algo en concreto. Como comentábamos en la parte de Fuentes de Inspiración, la paleta de colores también comunica información.

Adapta las fotos a la audiencia

Por otro lado, la audiencia debería sentirse identificada con la imagen; eso incluye sexo, edad, vestimenta, gestos, etc. No es lo mismo presentar una propuesta a tu equipo que a una asociación de la tercera edad. O a un grupo de directores. O a un grupo de científicos. Elige tus fotos de acuerdo a tu audiencia, para que se sientan protagonistas de la presentación, incluso a nivel subliminal. Por ejemplo, si quieres representar la palabra "Herramientas", no usarías lo mismo para hablar a los mecánicos de un taller de reparación de automóviles que para unos estudiantes de informática que asisten a una clase de programación.

Dependiendo del tiempo disponible para la preparación de la presentación, se puede afinar al máximo. Cuando vas a hablar de problemas raciales, la foto que tendrás que usar será muy distinta si se trata de un público afroamericano que uno sub sahariano. Lo mismo pasa si vas a dar una charla a jubilados: en internet es más fácil encontrar fotos de ancianitas con aspecto de haber salido de "Las chicas de oro", que una anciana que puede ser perfectamente la abuela de alguien de la audiencia de este país. Cuanto más identificado se sienta el público con las imágenes, mejor.

Lo mismo es aplicable a la vestimenta: pon en tus diapositivas gente con traje y corbata si esa es la ropa con la que acude tu audiencia a trabajar. Pero usa ropa más informal cuando la audiencia así lo requiera.

Por ejemplo, si tu audiencia está formada por alumnos de universidad que quieren saber si tu empresa es un buen lugar para trabajar, poner una foto del presidente en traje y corbata va a crear una barrera con esos estudiantes: estás marcando las distancias entre el presidente y los alumnos. Y quizá sea más interesante para ellos, ver al presidente como uno más de los trabajadores de la empresa: si pones una foto de él en camiseta, jugando con sus hijos en un parque durante un fin de semana, estás acercándote más a tu audiencia.

Como habrás deducido de los párrafos anteriores, deberías usar personas en tus imágenes siempre que sea posible, para añadir un toque "humano", con el que la audiencia "conecte", a las diapositivas. En ese caso, es importante que los personajes que aparezcan en tus diapositivas guíen la mirada de la audiencia hacia el punto que tú hayas decidido. Y es que los seres humanos tendemos a mirar hacia dónde miran otros seres humanos: gracias a que tenemos el iris coloreado, podemos saber a dónde están mirando nuestros congéneres sin necesidad de que giren sus cabezas o señalen con su dedo[61].

En la diapositiva anterior, los personajes están mirando al lado contrario y eso hace que tú hayas mirado hacia la derecha, necesitando una segunda pasada para ver que hay un texto ahí reclamando tu atención.

---

[61] Más información al respecto aquí:
http://www.elpais.com/articulo/futuro/blanco/mirada

No sólo eso, sino que también producen el efecto sicológico de "huir del texto", cosa que no nos conviene para nada.

Sin embargo, en la diapositiva de aquí encima, miras a los personajes y luego sigues su mirada hacia el texto. No cabe duda de que este flujo visual favorece que el público preste atención a lo que queremos nosotros, ¿verdad?

También es interesante el tema de la "corrección política". Si estás hablando de cómo hacer que los padres pasen más tiempo con los hijos porque has inventado una aspiradora robot que te evita hacer esa tarea doméstica, no pongas sólo mujeres pasando el aspirador: podría considerarse machista. Intenta equilibrar e ir alternando imágenes de mujeres y hombres en ese rol o cuidando de los hijos, porque tu audiencia se sentirá más identificada con esta imagen de la familia actual. Claro, que si tienes gente más mayor entre tu audiencia, quizá ellos "vean raro" que aparezca un hombre pasando el aspirador, pero intenta adaptar las imágenes a la mayoría de tu audiencia. Otro ejemplo: si hablamos de jefes y liderazgo, seleccionemos una foto donde aparece una mujer si así conseguimos sorprender y conectar con la audiencia de este sexo.

Si utilizas varios objetos en una diapositiva –por ejemplo, dos personas–, ten en cuenta que dependiendo de su proximidad, estamos dando a entender diferentes cosas. Dos objetos juntos implican que están relacionados.

Pero también su postura sugiere cosas y así, dos personas que se están dando la espalda nos dan a entender enemistad. Si la foto de una persona es más grande que la otra, se percibe que la más pequeña es más importante o que nos presta menos atención porque está más lejos.

Y seguimos con las personas: repetir a los mismos actores a lo largo de tu presentación, haciendo en cada ocasión cosas diferentes, ayuda a que las imágenes se integren en la historia. Para ello te vendrán bien los sitios de fotos que recomendamos al final del libro: al ser fotos profesionales, el mismo actor –o actriz– es retratado haciendo distintas cosas, con lo que es fácil "montar" una historia en torno a esa secuencia de fotos, como has podido ver en las dos anteriores: mismos actores, distinta postura.

Tratamiento de las imágenes

Si usas toda la pantalla para las fotos, asegúrate de que tienes espacio suficiente para meter texto. Si la foto sigue la regla de los tercios, como el ejemplo que puedes ver aquí, seguramente tengas sitio, pero no intentes encajar el texto porque sí: es mejor que busques una imagen que te deje más espacio, para que ningún objeto del fondo distraiga la atención del espectador.

Si no, siempre puedes colocar el texto sobre una banda para que contraste con el fondo. Por ejemplo, si tienes una imagen oscura, coge un rectángulo de color claro, y coloca texto en negro sobre el rectángulo, obteniendo así un contraste impecable entre el fondo y el texto. Puedes ver un ejemplo de esta banda de contraste en la diapositiva siguiente, en este caso de fondo claro, con banda oscura y texto en blanco. Con este truco, independientemente de los colores de fondo que tenga la foto – incluso si no es un fondo de un único color–, el texto siempre se verá bien. Y no estaremos obligados a colocar el texto en un sitio concreto, sólo porque es donde mejor se ve debido a los colores del fondo.

Tu texto aquí

Otra posibilidad es recortar el contorno de los objetos que te interesan: de esa forma siempre quedarán integradas con el fondo y no tendrás problemas de contraste. Para recortar las fotos se puede utilizar software de edición de imágenes como Photoshop o GIMP, aunque es más fácil utilizar un programa especialmente hecho para recortar, como Vertus Fluid Mask. De todas formas, la versión 2010 de PowerPoint ya incluye una funcionalidad para recortar el fondo de las imágenes.[62]

Y una posibilidad más: hacer la imagen más pequeña y ponerle un marco para que parezca una foto de una cámara polaroid o un fotograma de una película[63].

---

[62] Más detalles de cómo eliminar el fondo de las fotos en nuestro blog: http://www.presentacionesartesanas.com/blog.php/2012/01/19/eliminar-el-fondo-de-una-imagen.html

[63] Te explicamos cómo hacerlo en http://www.presentacionesartesanas.com/blog.php/2011/03/21/bordes-para-tus-fotos.html

Cuidado con las fotos de estudio

Hay multitud de sitios en Internet donde comprar fotos de estudio, de esas que han sacado fotógrafos profesionales con actores profesionales. Son fotos de estupenda calidad sobre casi cualquier tema que te imagines, y el único problema que tienen es que cualquiera puede comprarlas. Eso significa que puede pasarte que una foto que elijas ya haya aparecido en una campaña de publicidad o en una página web.

"Sería mucha casualidad, ¿no?" Bueno, Alberto Ruiz Gallardón no opina lo mismo[64]. Resulta que el equipo de diseño de su página web compró una de esas fotos donde se mostraban a varios modelos posando sonrientes y luego pegó al alcalde encima. Pero alguien lo detectó y lo comentó en internet, dañando la credibilidad del político al descubrir que lo que parecía un grupo de simpáticos votantes españoles era en realidad un conjunto de modelos daneses.

Pero la cosa no acabó ahí y resulta que al poco tiempo, se comprobó que esa misma imagen también la usaba la Agencia Tributaria Catalana para su página web[65].

Y, ¿por qué pasa eso? Pues porque somos muy vagos y nos vamos al primer banco de imágenes que encontramos, ponemos "joven" y "equipo" y cogemos la primera foto que encontramos[66]. O al menos, eso debió pasar en este caso…

¿No hubiera producido mucho mayor impacto que Gallardón se sacara una foto con sus votantes "de verdad"?

Pero, anécdotas aparte, ten en cuenta lo más importante: las imágenes no son un mero adorno, tienen que estar relacionadas con lo que estás contando y, mejor aún, si lo refuerzan. Así que no pongas una imagen sólo porque es bonita ni te conformes con la primera que encuentres: dedícale tiempo a encontrar aquella imagen que mejor refuerce lo que vas a decir en esa diapositiva, de acuerdo con la audiencia que vayas a tener delante.

---

[64] http://www.elmundo.es/elmundo/2011/02/23/madrid/1298458048.html
[65] http://www.elmundo.es/elmundo/2011/02/24/barcelona/1298545889.html
[66] En serio, ve a Fotolia.com y escribe "joven" y "equipo" en la caja de búsqueda. No tardarás en encontrar la foto que aparece mencionada en los artículos citados.

VÍDEO Y ANIMACIONES

Al principio de este libro hemos comentado que las animaciones sólo deben incluirse si tienen algo que aportar a la historia que estás contando. Eso significa que a la hora de la preparación, puedes pensar en que algún fragmento de la presentación pude entenderse mejor si muestras una animación o un vídeo. Perfecto, sin problemas. Pero recuerda: esto es como el cine; si cuando sales de ver una película piensas "qué buenos efectos especiales", eso es que la historia no era lo mejor. Piensa en la animación desde el principio, durante la fase de preparación de la presentación, y no como un añadido que se deja para el final.

Por tanto, lo que tienes que hacer no es buscar en tu herramienta de creación de presentaciones la animación más espectacular ni ver cuántas animaciones distintas puedes meter en la misma diapositiva. Es en la fase de preparación donde deberías dibujar en papel cómo te gustaría explicar lo que tienes en la cabeza.

Haz un guión de la animación, describiendo qué objetos tiene que haber en esa animación, en qué orden deberían moverse y cómo van a hacerlo. Luego, dibuja de manera esquemática esos objetos, y haz un *storyboard* con los movimientos de los mismos agregando flechas para saber hacia dónde se moverán.

Una vez que tienes esta parte bien madura, es el momento de ver si tu herramienta de presentaciones te permite hacer esos movimientos. Afortunadamente, conforme han ido pasando versiones de PowerPoint y Keynote, las animaciones disponibles han ido aumentando en número y complejidad, por lo que puede ser que sí que puedas hacerlo dentro del propio software. Pero, ¿qué pasa si no se puede?

Pues que hay otro software disponible en el mercado para crear animaciones. Puedes utilizar herramientas que te permiten generar animaciones Flash, con las que puedes grabar un vídeo del escritorio del ordenador, que te permiten agregar transiciones y efectos e incluso programas con los que puedes crear animaciones con modelos tridimensionales. ¿Demasiado esfuerzo? Como decimos siempre, depende de lo que te estés jugando. Si hay mucho dinero —o imagen personal o de empresa— en juego, puede salir rentable el contratar a un equipo de diseñadores gráficos que hagan esta tarea a partir de tu storyboard y las explicaciones oportunas que les des. Si no merece la pena esa inversión, vuelve al storyboard y dedícale unos minutos a pensar cómo simplificar la animación que tenías en mente hasta que puedas hacerla con las que vienen incluidas en el software de presentaciones.

En otras ocasiones, quizá basten unas sencillas animaciones entre diapositivas para resaltar la idea que queremos transmitir.

Desvanecimientos

No nos referimos a que de vez en cuando se produzcan desmayos entre la audiencia tras 3 horas aguantando una presentación aburrida: se trata de ir haciendo aparecer o desaparecer objetos de la diapositiva paulatinamente. Por ejemplo, imagina que quieres hacer que una diapositiva simule ser un tablero de corcho de esos en los que colocamos cosas pinchándolas con una chincheta. Podrías empezar con el tablero de corcho vacío y luego ir haciendo aparecer fotos o notas de una en una sobre este fondo. Eso sí, nada de hacerlas aparecer volando atravesando toda la pantalla mientras van dando vueltas y parpadeando: basta con que al hacer click, aparezca la nota o fotografía.

En la siguiente página tienes una de las secuencias que usamos en nuestros seminarios[67], donde los elementos van apareciendo a medida que los vamos explicando.

Lo que hacemos es mostrar primero la diapositiva con una pizarra en blanco y luego vamos añadiendo elementos a esa diapositiva que van a apareciendo suavemente, como si simuláramos que estamos pintando en la pizarra, ayudándonos para ello de letras y formas dibujadas a mano y luego escaneadas. Esta parte la preparamos de esta manera porque no siempre tienes una pizarra a tu disposición en el lugar del evento y así podíamos mostrar cómo trabajar de manera analógica sin necesidad de dicha pizarra.

---

[67] Puedes verla en movimiento en nuestro canal de YouTube: http://www.youtube.com/watch?v=fLw3J9XccHM

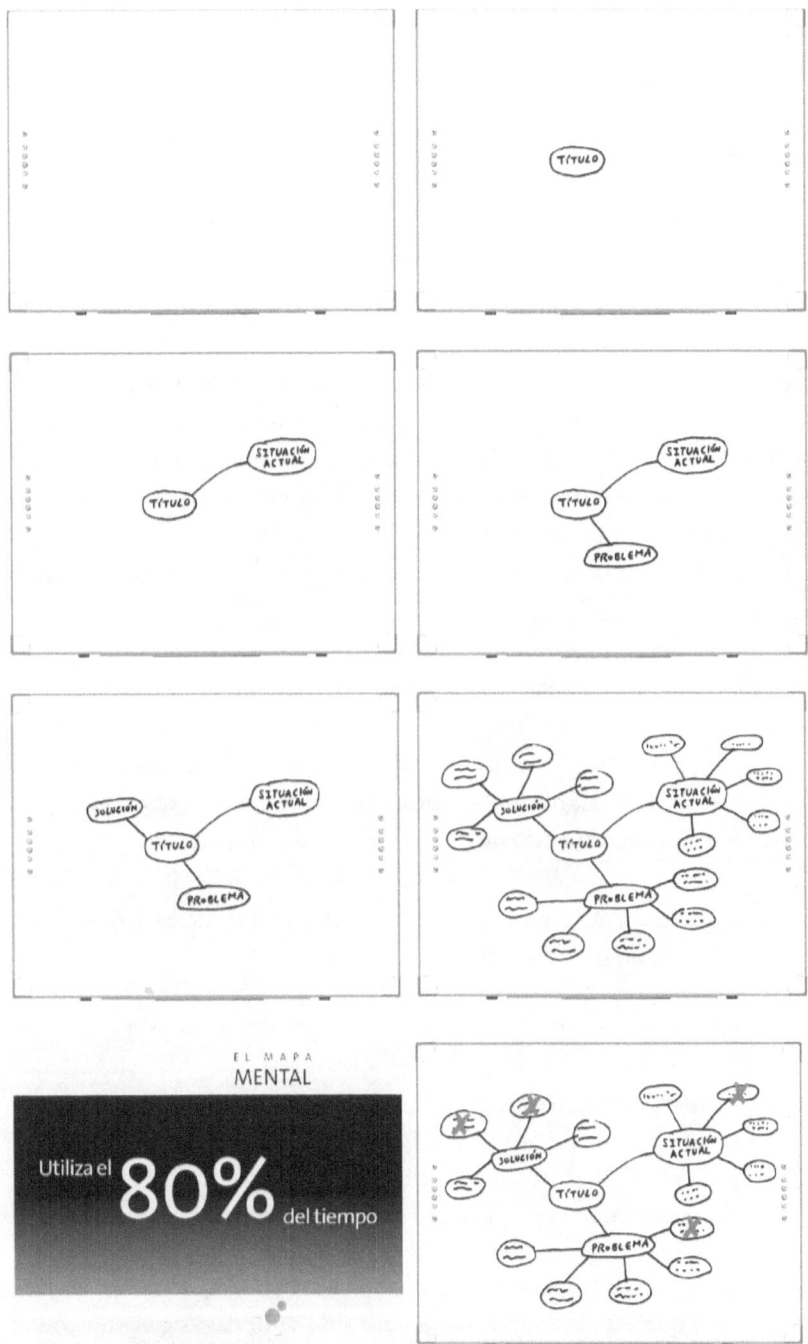

Pero desde luego, si tenéis una pizarra a mano donde escribir, usadla: no pasa nada por apagar el proyector por unos minutos y la gente incluso lo agradece…

Panoramas y transiciones

En ocasiones, queremos incluir una frase larga en nuestra presentación. Puede ser porque es una cita de un personaje célebre o experto en su área o puede ser porque el mensaje que queremos dar en esa diapositiva no puede resumirse más. O quizá sea un mensaje en dos partes y si lo colocas en dos diapositivas distintas, quede como "cortado", como si las dos partes quedaran desconectadas. También te puede ser útil a la hora de enlazar varias diapositivas que tengan una temática común — como enunciar tres beneficios de lo que estás presentando, cada uno en su diapositiva correspondiente–.

Pues para eso, tenemos los panoramas.

Se trata de simular un *travelling* de cine con el software de presentaciones. Un travelling es esa técnica cinematográfica consistente en hacer que una cámara se deslice por unos raíles que discurren paralelos a la escena que se está grabando. Entonces, lo que tienes que hacer para simular eso en una secuencia de diapositivas es lo siguiente:

- Determina cuántas diapositivas necesitas para lo que quieres expresar. Puede ser en función de la longitud de una frase o del número de pasos que tiene un proceso.

- Consigue un fondo que puedas expandir a lo largo de esas diapositivas. Por ejemplo, si son tres las diapositivas que formarán parte del panorama, puedes buscar una foto que puedas dividir en tres partes, una para cada diapositiva. O quizá es suficiente con poner el mismo color de fondo o con un degradado que vaya a lo largo de las diapositivas.

- Coloca el texto que vas a mostrar en cada diapositiva. No hace falta que esté situado en el mismo sitio en todas: siguiendo con el ejemplo anterior, puedes elegir una colocación simétrica en la primera y en la última diapositivas y ponerlo más centrado en la del medio, o colocarlo sobre una banda de contraste a lo largo de todo el panorama.

Ahora llega el momento de animar las diapositivas. En el menú de "Animaciones" –o como se llame en tu software de presentaciones– busca algo como "Desplazar y empujar", y elije la dirección que más te interese. Lo habitual para nosotros, acostumbrados a leer de izquierda a derecha, es que la diapositiva siguiente vaya empujando hacia la izquierda a la anterior, por lo que busca una flecha hacia la izquierda. Repite esta animación para todas las diapositivas que formen parte del panorama y ¡bingo! Ahí tienes tu travelling. A continuación puedes ver un ejemplo de una panorámica hecha con dos diapositivas que se irán desplazando hacia la izquierda para mostrar una cita de Einstein.[68]

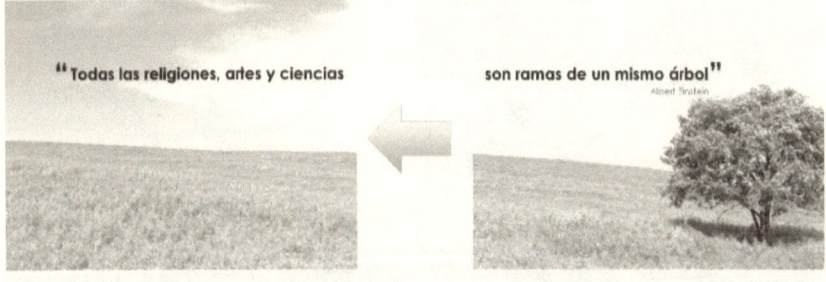

Puedes usar esta técnica no sólo para desplazamientos horizontales, sino también verticales e incluso combinados, cuando quieres recorrer un flujo que dé una vuelta completa, como puedes ver a continuación[69] –los números en naranja indican el orden de las diapositivas–.

Recuerda que los fondos tienen que guardar coherencia con el movimiento y zonas de unión entre las diapositivas. En el caso del ejemplo de abajo, hemos usado unos fondos de degradados azules que se

[68] Y puedes ver la animación en acción en nuestro canal de YouTube:
http://www.youtube.com/watch?v=qB7pw8Ckl4Y
[69] Puedes verlo en movimiento en nuestro canal de YouTube:
http://www.youtube.com/watch?v=jRkOu040ct8

prolongan hacia los lados o hacia arriba y abajo según corresponda. De esta forma, ayudamos a que el público entienda que es una "misma diapositiva", sólo que dividida en partes[70].

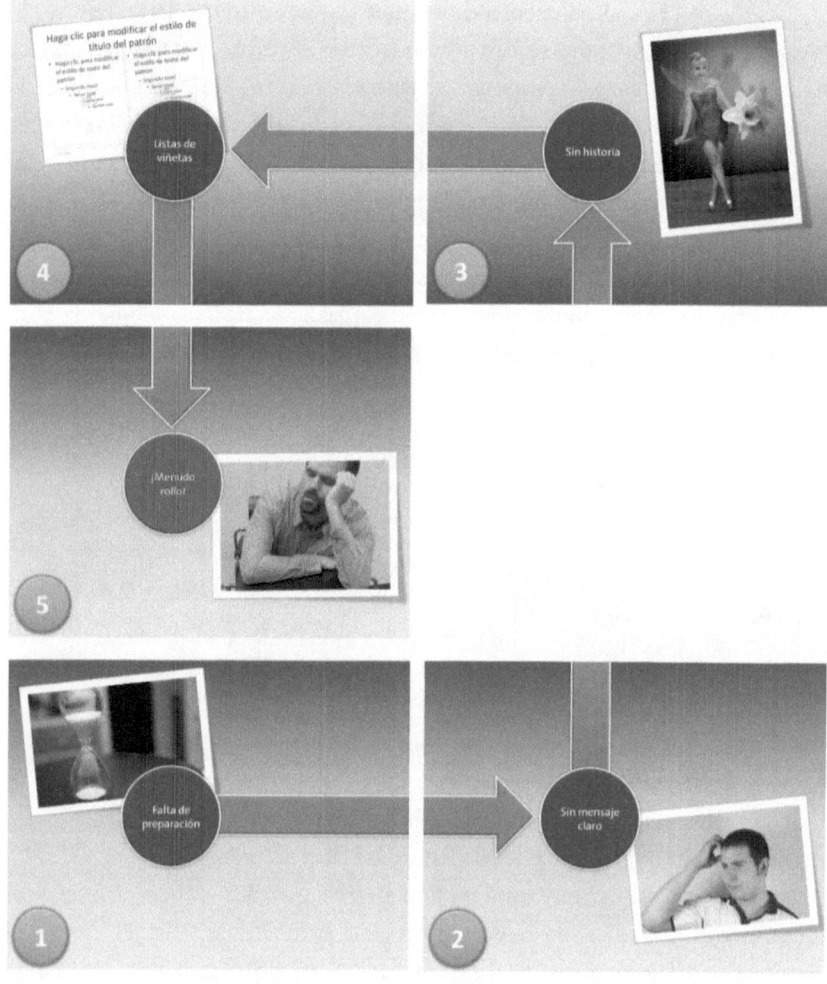

---

[70] De hecho, hay herramientas para hacer presentaciones como Prezi –http://www.prezi.com– que se basan precisamente en esto, en tener un mural gigante que vamos recorriendo mediante movimientos de cámara, centrándonos en un elemento del mural –un texto, una imagen– cada vez.

Explicar cada parte de un todo

Otra animación que puede contribuir a transmitir más información es la de zoom, siempre que este se haga de manera suave. Esto te puede servir para cuando quieres partir de una vista general de algo –un edificio, un diagrama de arquitectura software, una frase que define tu producto, etc.– e ir centrándote en cada una de las partes.

Por ejemplo, puedes partir de una diapositiva donde aparezca el siguiente texto –aplicable a muchas cosas– centrado horizontalmente:

"Personal, divertido y siempre contigo"

Duplica la diapositiva, y en la que se ha creado nueva, aplica la opción de zoom a la palabra "Personal" y luego haz desaparecer a las otras dos –puedes simplemente ocultarlas o que se vayan suavemente hacia la derecha–. Hazlo de tal manera que la palabra que quede ahora centrada sea "Personal". Así, en esta diapositiva, te estás centrando única y exclusivamente en explicar por qué lo que estás presentando es "Personal", a la vez que la propia frase de la que has partido te sirve de agenda y de nexo de unión para el resto de las diapositivas.

Una vez que hayas acabado la explicación de "Personal" –puede ser de palabra o intercalando diapositivas–, copia a continuación otra vez la diapositiva del principio, uniéndola con la anterior mediante un fundido en negro, por ejemplo. Ahora deberás hacer zoom en la siguiente palabra mientras haces desaparecer el resto. En esta ocasión, vas a explicar "Divertido", así que tiene que volver a quedar centrado en la pantalla. Y así, sucesivamente. De esta forma hemos explicado los tres beneficios de lo que estamos presentando de manera que hemos ido guiando al público por cada uno de ellos. Y nos hemos centrado exclusivamente en un beneficio cada vez.

Vídeo

Ya hemos comentado que, en ocasiones, un vídeo puede explicar mejor una idea que cualquier animación que hagamos con el software de presentaciones. Podemos aprender a hacer el vídeo por nosotros mismos, contratárselo a otra empresa y/o amiguete o buscarlo por internet –respetando siempre los derechos de autor–.

En cualquiera de los casos, es esencial que nos preocupemos de integrarlo en nuestra presentación: debe aparecer dentro de una diapositiva. Si no, nos tocará salir de la presentación, ir al escritorio y empezar a buscar el vídeo por el disco duro hasta que consigamos reproducirlo. Esto no sólo no queda bien, si no que además estamos haciendo perder unos segundos preciosos a la audiencia, que aprovechará para leer su correo o hablar con el compañero de al lado, perdiendo su atención por completo.

El software más moderno para presentaciones incluye herramientas que te permiten jugar con el vídeo: recortarlo, girarlo, etc. Aprovecha estas herramientas cuando quieras hacer todavía más destacado el vídeo. Y cuando el único vídeo que has encontrado sobre el tema es de pequeño tamaño, puedes utilizar alguno de los trucos mencionados anteriormente en la sección de imágenes para ponerle un marco adecuado –una pantalla de cine, una televisión antigua, etc–.

DATOS

Otra de las cosas que suele ser habitual en nuestras presentaciones es el hecho de tener que mostrar datos, así que vamos a ver cuál es la mejor manera de mostrarlos en esta sección.

No cabe duda de que citar datos en nuestra presentación va a conseguir que la audiencia **confíe** en lo que le digamos: hemos preparado la presentación, nos hemos preocupado de buscar datos que respalden lo que decimos. Por supuesto, incluiremos las fuentes de donde hemos obtenido esos datos, para que nadie piense que nos los hemos inventado.

Muchas veces, lo que hace la gente es coger un gráfico de Excel -que estaría perfecto en un libro- y lo pega en una diapositiva. Eso hace imposible que el público más allá de la segunda fila pueda distinguir los nombres de los países o los porcentajes de encima de las barras, como en el ejemplo siguiente.[71] Es imposible que alguien pueda entender lo que está viendo en pantalla si lo presentamos de esa manera y, mientras

---

[71] Fuente: EUROSTAT 2006

intentan interpretar esos datos, dejarán de escuchar al ponente. Así que nunca, nunca, muestres los datos de esa forma: no sirve para nada. Eso sí, nada te impide poner ese gráfico en la documentación que entregarás para que la audiencia pueda tener el conjunto completo de los datos y la explicación de la gráfica.

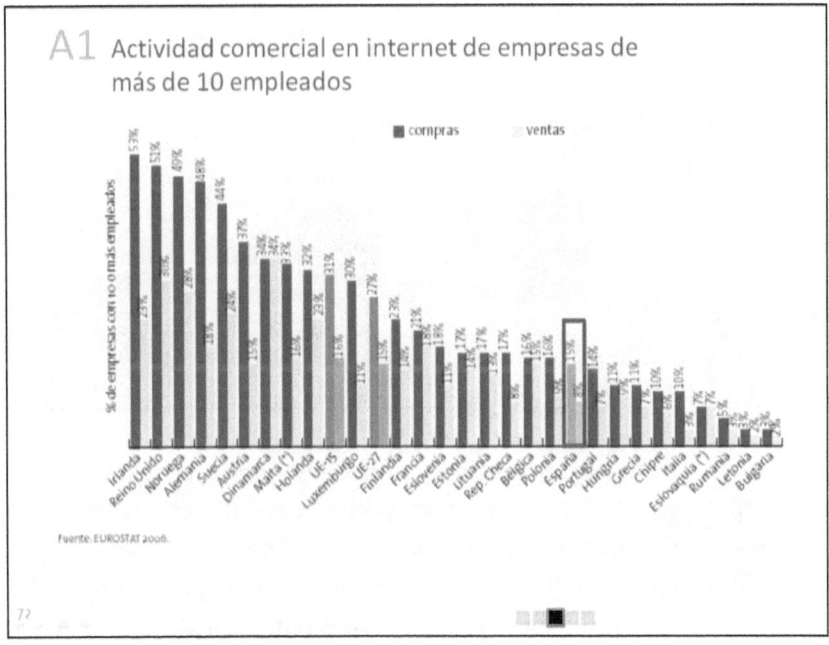

Pero en tu diapositiva, debes mostrar lo estrictamente necesario para que la audiencia pueda entenderlo rápidamente, como en la diapositiva que mostramos a continuación.

Fíjate cómo hemos reducido el número de barras a lo estrictamente necesario para transmitir nuestro mensaje: Europa duplica a España en compras y ventas en internet en empresas de más de 10 empleados. Esa gráfica es todo lo que necesitamos para que la audiencia se quede con nuestras palabras. Al tener menos barras, podemos aumentar el tamaño de la letra y dejar todo más claro.

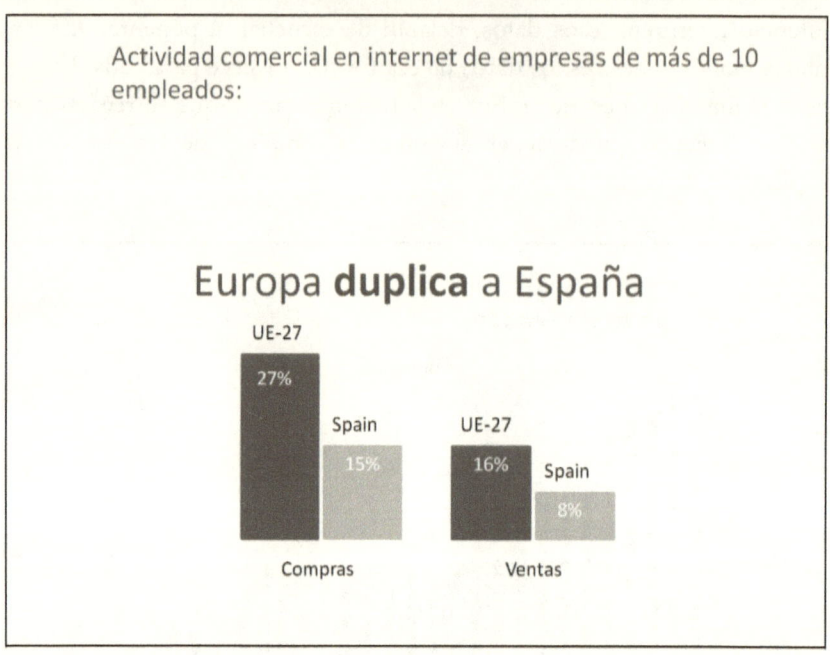

Actividad comercial en internet de empresas de más de 10 empleados:

Europa **duplica** a España

UE-27
27%
Spain
15%
UE-27
16%
Spain
8%

Compras   Ventas

Pero además de poner los gráficos bien claro, conviene utilizar trucos para que los datos que pongamos queden para el recuerdo, poniendo las cifras en contexto y comparándolas con cifras más fáciles de comprender para la audiencia. Aparte de eso, tenemos que redondear los números complicados: "11 millones" será siempre mucho más fácil de recordar que "11.357.651". Vamos a ver ambas cosas...

A continuación tenemos una diapositiva que está muy bien: tenemos sólo tres barras, con colores que contrastan, todo bien alineado. Pero, ¿qué podríamos hacer para que la audiencia guarde en su memoria a largo plazo estas cifras? ¿Cómo meterles en la cabeza que World of Warcraft tiene 11 millones de usuarios? ¿Cómo conseguir que se hagan una idea de la magnitud de esa cifra? En la diapositiva de debajo tenéis las respuestas a esas preguntas...

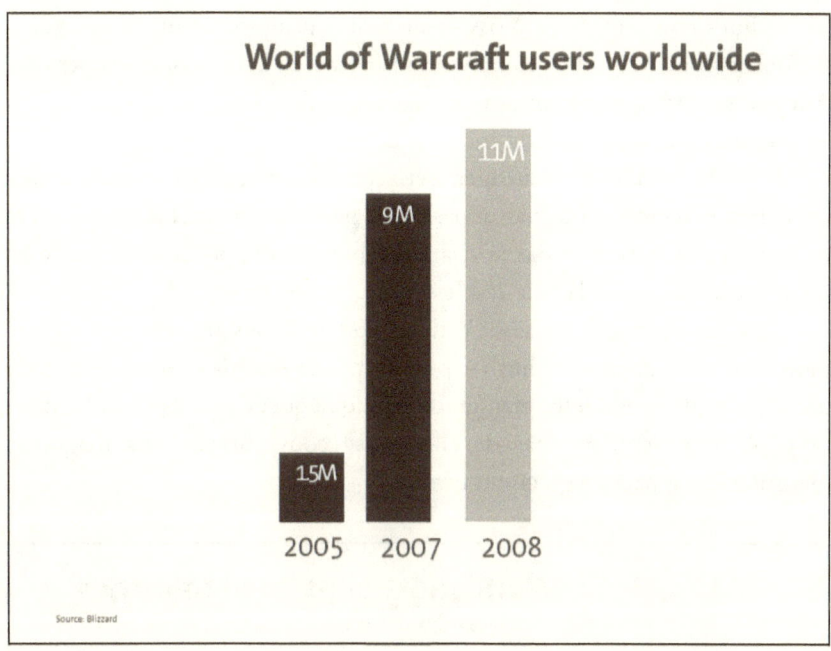

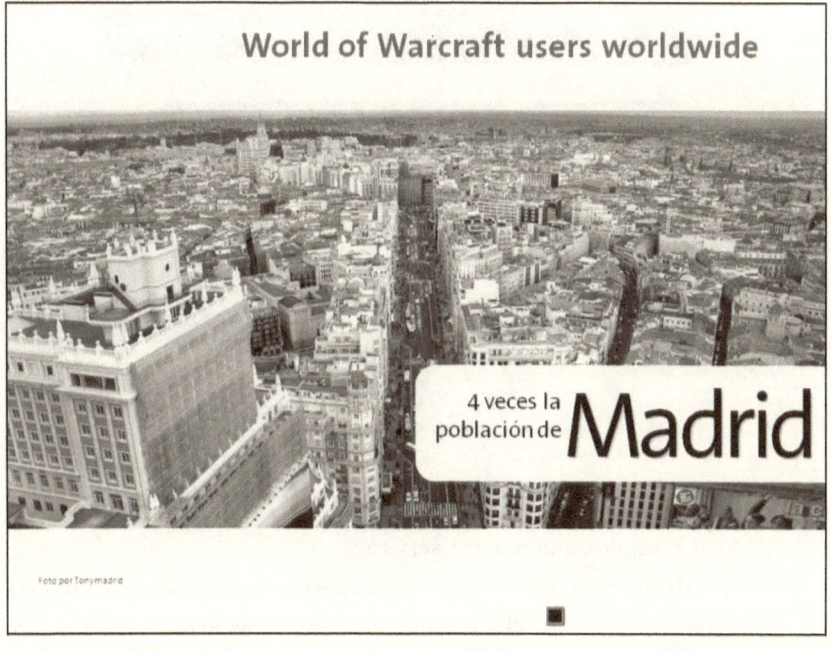

Pues con este símil: WoW tiene tantos usuarios como cuatro veces la población de Madrid —y lo mostramos como en la diapositiva superior—. Aunque no hayas estado nunca en Madrid, la foto refuerza el sentimiento de que ahí tiene que haber un montón de gente. Y si has estado allí, sabrás cómo es de grande. Esta imagen sería perfecta para una audiencia que conociera la región, y podrías usar símiles parecidos, particularizando para tu audiencia concreta: si das la charla en New York, podrías decir que es un x% más que la población de New York, por ejemplo.

¿Otro ejemplo? Facebook tiene 650 millones de usuarios —en el momento de escribir este libro—: puedes poner este dato en el centro de una diapositiva y con letra bien grade para que quede bien destacado, pero tu público se acordará más de ello —y se convertirá en una magnitud mensurable— si haces algo como esto:

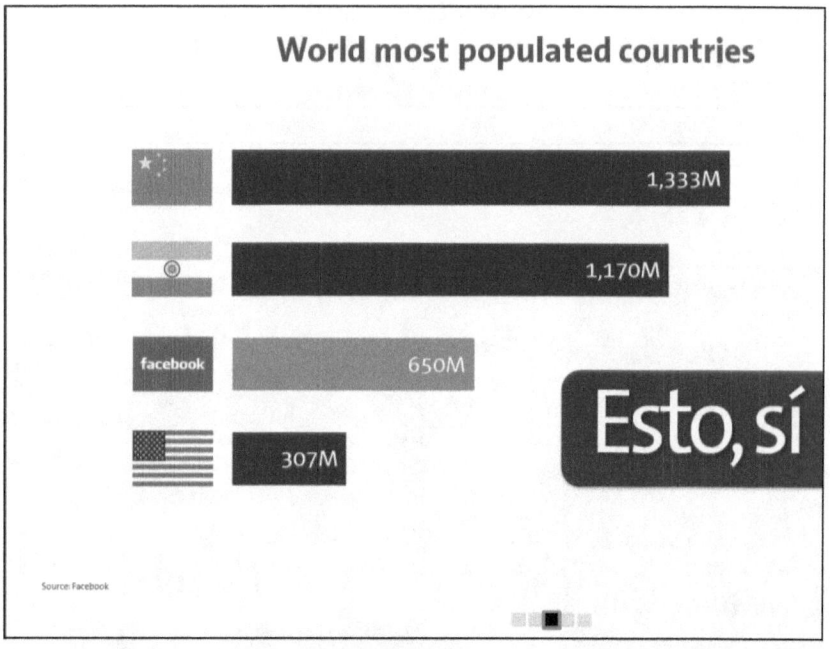

Otros ejemplos que pueden servirte:

- 5 GB pueden no decirte nada, pero si decimos que en este espacio caben 1000 canciones, si eres aficionado a la música, seguro que lo recuerdas mejor. Este fue el slogan que se usó para el iPod Nano de primera generación[72].

- Que una marca tenga un 5% de mercado puede no significar mucho, pero si decimos que es más cuota de mercado que la que tienen BMW o Mercedes en el mundo del automóvil, seguro que ahora la información queda más clara. Esta comparación la hizo Steve Jobs en 2003 en una entrevista para Rolling Stone[73].

Muchas personas piensan que si muestras datos en tu presentación, puedes llegar a aburrir a los asistentes. Pero como decía Edward Tufte[74],

❝Si las estadísticas son aburridas, entonces estás mostrando los números equivocados.

Realmente, mostrar un dato puede ser el momento estelar de tu presentación si lo acompañas del contexto adecuado. Por ejemplo, cuando Al Gore hizo su presentación sobre el cambio climático, mostró un gráfico en pantalla. El último punto de este gráfico se salía por la parte superior de la pantalla, así que Gore se subió a un elevador para señalar su parte superior[75].

Jamie Oliver, en su charla sobre la importancia de enseñar a los niños cómo alimentarse bien, mostró con una carretilla llena de azúcar la cantidad de este dulce que consumen los niños durante los cinco años de enseñanza primaria[76]. No haya nada más impactante que volcar una

---

[72] YouTube, *Apple Music Event 2001 – The first ever iPod introduction.*
http://www.youtube.com/watch?v=kN0SVBCJqLs
[73] *Steve Jobs: The Rolling Stone interview*, Rolling Stone, December 3, 2003.
http://www.keystonemac.com/pdfs/Steve_Jobs_Interview.pdf
[74] En su libro *The Visual Display of Quantitative Information*
[75] http://www.youtube.com/watch?v=Jxi-OlkmxZ4 A partir del 8:50
[76] http://www.ted.com/talks/jamie_oliver.html A partir del 13:12

carretilla en medio de un escenario para que la gente recuerde tu charla —y los operarios de limpieza recuerden a tu familia—.

Y tampoco podemos dejar de mencionar en este apartado a Hans Rosling y su innovadora manera de relacionar y presentar datos[77]. Merece la pena ver a este hombre en acción para descubrir cómo el mostrar datos y más datos puede tener también su lado divertido.

Por último, no siempre una gráfica es la mejor manera de presentar datos. Por ejemplo, si tienes que decir que el 70% de las familias en España tienen a los dos cónyuges trabajando, puedes expresarlo con un gráfico de tarta.

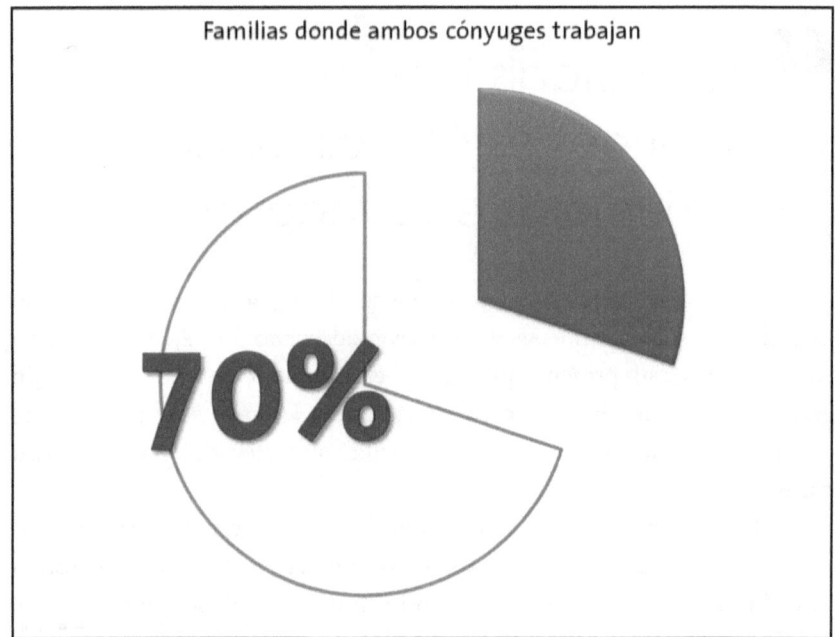

Otra posibilidad sería buscar una foto de una mujer y un hombre trabajando cada uno en sus respectivos puestos —ojo a lo de la corrección política y los tópicos que hemos mencionado antes—, y colocar ese dato

---

[77]

http://www.ted.com/talks/hans_rosling_shows_the_best_stats_you_ve_ever_se en.html del 70% entre medias de los dos, con una banda de contraste como hemos visto anteriormente.

Pero aún tenemos otra forma más de mostrar esta información de manera visual y que puede utilizarse en multitud de situaciones: podemos mostrar los números como objetos. En el ejemplo siguiente, tenéis 10 casas con familias dentro, de las cuales tenemos 7 resaltadas, pero podríamos usar el mismo método para teléfonos, coches, ordenadores o personas, utilizando las siluetas de esos objetos para representar la comparación. De esa forma, el dato puede llegar mejor a la audiencia.

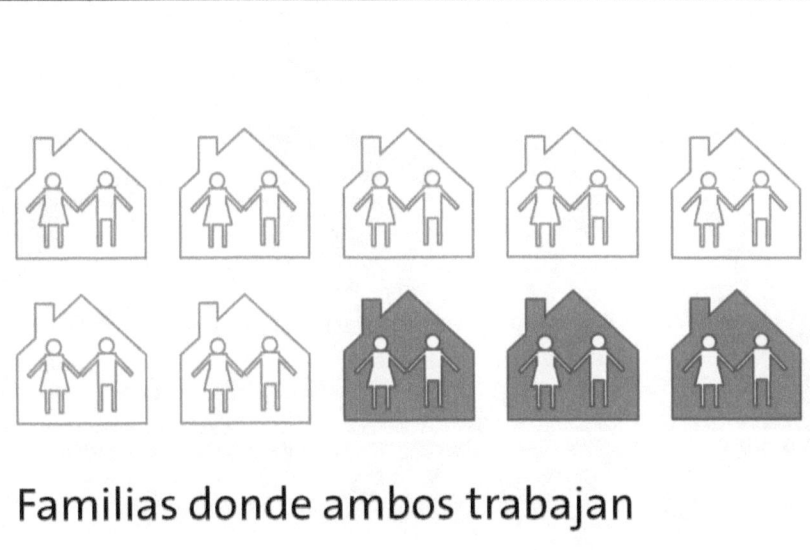

Ahora tú tienes que decidir cuál es la forma de mostrar ese dato que te parece que queda más ilustrativa para tu audiencia. Cada uno de los métodos que te hemos comentado es más útil para representar un cierto tipo de datos: elige el más adecuado en cada momento.

Bien, con toda la información que has leído hasta este punto, tienes unas pinceladas de cómo preparar tu presentación —mensaje, historia— y cómo diseñar tus diapositivas —inspiración, estructura, elección de imágenes–. Cuando hayas acabado todo este proceso, estarás listo para exponer tu presentación; y eso es precisamente lo que viene ahora...

EXPOSICIÓN

El entretenimiento reside en
la manera de presentar

John McTiernan

A unque no vamos a entrar en detalle en cómo hay que exponer o técnicas de comunicación, en esta sección vamos a dar una serie de consejos que te vendrán bien a la hora de enfrentarte a tu público. Además, incluimos una serie de métodos de exposición que pueden afectar a la preparación de la presentación debido a sus peculiares características, como el número de diapositivas o el tiempo dedicado a cada una de ellas.

PREPARACIÓN

Miedo. Eso es lo que sienten muchas personas llegado el momento de exponer la presentación para la que se han estado preparando durante horas o días. O al menos, deberían haber invertido tiempo en esa fase, como hemos visto en apartados anteriores.

¿No os lo creéis? Basta ver cualquier encuesta sobre los mayores temores del ser humano para ver que hablar en público siempre está entre los primeros puestos.

Por ejemplo, una de las listas[78] que hemos encontrado contiene los siguientes elementos:

1. Arañas

2. Alturas

3. Extraterrestres

4. **Hablar en público**

5. Espacios cerrados

6. Dentistas

---

[78] http://www.independent.co.uk/news/uk/this-britain/britains-biggest-fears-revealed-1812126.html?action=Popup&ino=1 Al ser un periódico inglés, el enlace está en la lengua de Shakespeare. Pero también tenemos un enlace en castellano: http://espaciociencia.com/especial-halloween-los-10-mayores-miedos-del-ser-humano/

7. Payasos

8. Pájaros

9. Dormir con la luz encendida

10. Fantasmas

Ahí, lo tenéis: el miedo a hablar en público ocupa el cuarto puesto, nada más y nada menos. Y muchas de las listas que encontraréis en internet demuestran que el ser humano siempre pone en las primeras posiciones el miedo a hablar en público.

Este miedo hace que nos pongamos nerviosos, que nos suden las manos, que tartamudeemos o que nos quedemos en blanco. Seguro que ahora mismo estás pensando que los profesionales acostumbrados a hablar en público ya no se ponen nerviosos, ¿verdad?

Todo el mundo sabe quién es Mark Twain, el escritor de los libros de Tom Sawyer y Huckleberry Finn, pero lo que poca gente sabe es que, como Samuel Clemens —su verdadero nombre—, dio innumerables charlas sobre diversos temas. Pues bien, este popular escritor decía lo siguiente:

❝Hay dos tipos de oradores: los que admiten que se ponen nerviosos y los que mienten.

Así que podemos suponer que todo el mundo —incluso aquellas personas con mucha experiencia— se pone nervioso. Pero, ¿por qué? ¿Por qué nuestro cuerpo nos traiciona de esta manera en ese momento tan crítico de enfrentarnos a nuestros congéneres para comunicarnos?

Pues este aluvión de sensaciones que sufrimos, tiene una explicación[79]. Cuando salimos al escenario y nos situamos delante de una audiencia, lo que vemos de forma consciente es al público, las diapositivas, la sala donde estamos, etc. Pero lo que sentimos de manera inconsciente es que estamos solos, desarmados, en un sitio donde no hay nada para esconderse y delante de un grupo de personas que nos miran directamente a nosotros. Así que nuestro cerebro entiende que estamos en peligro, con una manada de depredadores amenazadores que están pensando en comérselo, junto con el resto de apetitosas partes del cuerpo que lo aloja. Y como se siente en peligro, empieza a dar órdenes al organismo para que responda como en otras situaciones de peligro: sube la adrenalina, el cuerpo entra en tensión, empiezas a sudar, etc. Estás en tensión máxima, porque tu cerebro cree que se lo quieren comer.

Es inevitable sudar tanto como Camacho[80] en el Mundial de Corea y Japón y que tus manos estén empapadas: son dos reacciones de nuestro cuerpo para enfrentarnos al peligro, transmitiendo así el olor a miedo a nuestros congéneres y preparando nuestras manos para deslizarse mejor de rama en rama, recuerdo de cuando no éramos más que primates. Como veis, son cosas tremendamente útiles a la hora de salir a exponer una presentación.

Así que ahí estamos, en un escenario, delante de una audiencia, sintiéndonos aterrorizados y desamparados. Y es normal que en esta situación, cometamos errores o nos cueste empezar con la charla. ¿Podemos arreglarlo? ¿Hay alguna manera de evitar este estado, o al menos minimizar esta reacción?

Seguro que en alguna ocasión – sobre todo en series y películas norteamericanas- habéis oído eso tan típico de

---

[79] Basado en *Confessions of a public speaker*, de Scott Berkun
[80] Por si no le conoces:
http://es.wikipedia.org/wiki/Jos%C3%A9_Antonio_Camacho

"Imagínate a la audiencia desnuda.

Esta "solución" se atribuye a Winston Churchill, el primer ministro inglés durante la segunda guerra mundial. Yo no sé tú, pero si yo voy a un auditorio a dar una charla y, para evitar ponerme nervioso, me imagino a la gente desnuda o en ropa interior, creo que me pondría más nervioso todavía. Seguro que me preguntaría "¿Por qué está todo el mundo desnudo menos yo?".

Lo cierto es que sólo se nos ocurre un motivo para imaginarte a la audiencia desnuda: tu charla es tan aburrida que necesitas usar ese truco para no dormirte tú. También puede ser útil si la charla es a las 4 de la tarde y para comer te has metido entre pecho y espalda un plato de fabada y un chuletón de dos dedos de alto y se te están cerrando los ojosa a consecuencia de tan copiosa comida.

Entonces, ¿qué podemos hacer para minimizar los nervios? Alguno diría que lo mejor es aprenderse de memoria el discurso, pero esto tiene varios inconvenientes. Cuando aprendes algo de memoria, lo cuentas como un robot, sin mostrar emoción o pasión; y que un orador muestre pasión por lo que está contando es lo mejor que puede hacer para convencer a su audiencia, para transmitir su entusiasmo en lo que cree. Además, nuestra memoria es muy traicionera y es altamente probable que perdamos el hilo de nuestro discurso memorizado si sufrimos interrupciones, como una pregunta o alguien que se levanta y abandona de la sala para atender el teléfono. Por último, con un discurso memorizado como una lección del colegio, careceremos de naturalidad y esto afecta negativamente a la audiencia. Más que contar las cosas tal cual las escribimos en su día, lo importante es mostrar naturalidad y transmitir nuestra pasión por el tema que estamos exponiendo.

Otra posibilidad que te comentarán es que uses "chuletas", tarjetas con el discurso completo que irás leyendo. Si ya es malo memorizarlo, imagínate si encima no estás mirando a la audiencia. Para eso, graba tu voz y que alguien le dé al *Play* mientras se ven las diapositivas, ¿no? Eso sí, hay veces en que las tarjetas serán totalmente necesarias. Por ejemplo, si hay que enumerar una lista de 10 puntos –y que luego incluirás en la documentación–, es muy fácil que olvides alguno, así que lo mejor es poner el título –y sólo el título– de cada uno de esos 10 puntos en una tarjeta. Así podrás seguir mirando a la audiencia mientras explicas cada punto, bastando una breve ojeada para no olvidar ninguno. Además, si las tarjetas que uses tienen el logotipo de tu empresa o del evento en la parte trasera –la que ve la audiencia–, quedará mucho más elegante.

También es posible que a alguien se le ocurra la genial idea de poner todo el texto en la diapositiva, para ir leyéndoselo al público. Esto no es sólo aburrido para ti y para ellos, sino que además, hará que sientan que les tomas por estúpidos porque les estás tratando como si no supieran leer. También es contraproducente para entender lo que estás contando, porque mientras tú hablas de una cosa, los asistentes ya están leyendo el final de la diapositiva. Pero como ya hemos hablado anteriormente del teleprompter, no vamos a insistir más en ello.

Entonces, ¿qué hacemos?

Exponer significa actuar. Hazte a la idea de que eres uno de esos humoristas de "El Club de la Comedia", que sale en televisión a contar una historia, un monólogo, que conecte con el público, sin más apoyo que sus ensayos durante horas. A la gente le suele gustar este tipo de cómicos porque se identifican con las historias que cuentan, y es lo mismo que deberíamos conseguir nosotros en nuestras presentaciones. Pero eso no significa que intentemos convertirnos en la estrella del evento: ese puesto está asignado a nuestra audiencia. Y tampoco significa que estemos todo el rato contando chistes y haciéndonos los graciosos –aunque un poco de humor en nuestra presentación nunca viene mal–.

Lo que queremos decir es que tenemos que ser un poco actores: debemos tener siempre en mente lo que queremos contar –sin llegar al extremo de aprendernos el guión–, pero interpretándolo y adecuándolo a cada momento, mostrando naturalidad. Y como todo actor, tenemos que comunicar con todas nuestras armas.

Eso significa que debemos transmitir el mensaje no sólo con nuestras palabras y las imágenes que las apoyan, sino también con nuestro tono de voz y lenguaje corporal. Toda la exposición tiene que haber sido ensayada previamente, para estar seguro de que la sincronización entre estos tres elementos es la correcta.

Así que lo más importante es ensayar; es imprescindible. ENSAYAR todo lo que vas a decir en cada diapositiva, cada chiste, cada palabra, cada movimiento del cuerpo, cada cambio en el tono de voz. ENSAYA delante de tu novia, mujer o perro, delante de los muebles, en la ducha, cuando vas −solo- en el ascensor...

Y sólo así conseguirás aparecer natural, como comentábamos antes. Gracias a los ensayos conseguimos hacer nuestros tanto el contenido como la forma de presentar nuestro tema, mostrándonos tal y como somos. Esto es como cuando aprendes a conducir: al principio tienes que pensar en pisar el embrague, meter la marcha, pisar el acelerador, poner el intermitente y mirar por el retrovisor. Pero con la práctica, estos gestos se vuelven naturales e incluso podemos hacerlos mientras hablamos con el copiloto o elegimos una canción en la radio.

Además, ensaya para que tu presentación dure como máximo el 80% del tiempo que tienes asignado, como comentamos en la sección de preparación. ¿Por qué? Porque quizá no empieces a tu hora −porque el ponente anterior acabe tarde, porque el escenario no está listo, etc− y la audiencia estará impaciente por irse. Además, eso deja el 20% de tu tiempo para las preguntas, con lo que en caso de haberlas, no harás que la hora de finalización se retrase. Generalmente, hablamos más rápido cuando exponemos que cuando ensayamos, debido a los nervios, pero eso sólo hará que tu presentación acabe más pronto, lo que siempre es de agradecer por parte de la audiencia.

Durante tus ensayos, grábate y verás cómo ves cosas que se pueden mejorar. Hay gente que piensa que lo importante no es el presentador, sino la audiencia y que no hace falta grabarse. Con todos nuestros respetos, esto no es correcto. La intervención del presentador es vital para facilitar la transmisión de la información a la audiencia y como tal es necesario practicar y emplear tantos medios tengamos a nuestra disposición para limar las pequeñas impurezas en nuestra exposición para que cada vez resulte una mejor presentación. Tampoco está de más grabarse cuando haces la exposición frente a tu audiencia para poder mejorar esos pequeños detalles cuando vayas a repetir la presentación frente a otro público o incluso para otra presentación distinta.

El caso es que, mediante el ensayo y la preparación de la presentación, es fácil llegar al momento de la exposición menos nervioso, con mucha más confianza en uno mismo y en lo que va a contar. Y eso es algo que la audiencia nota: un ponente que destila confianza es alguien a quien van a escuchar. Y no pasa nada por estar nervioso –porque lo vas a estar–, pero tú público ni se dará cuenta.

Y tampoco pasa nada por olvidar algún chiste o punto anecdótico que tuvieras preparado: una presentación nunca sale perfecta, por mucho que lo ensayemos. Pero no importa: nadie sabe lo que vas a contar, así que si te olvidas de algo, no se darán cuenta –a no ser que repitas la misma presentación dos veces con el mismo público y te acuerdes la segunda vez de algo que olvidaste la primera–. Lo importante es que tu mensaje y tus puntos clave lleguen a la audiencia correctamente y es lo único que recordarán al día siguiente. Bueno, a no ser que por accidente, le prendas fuego a tu americana, claro.

Recuerda que la estrella eres tú, el Justin Bieber o la Lady Gaga de ese tema. Es muy importante ser consciente de que cuando haces una presentación, tú eres el protagonista. Es a ti a quien han venido a ver y por eso está ahí tu audiencia. Las diapositivas son sólo un soporte para que tú cuentes tu historia. Es a ti a quien tienen que prestar atención. Y no pasa nada si tienes que hacer la presentación sin diapositivas, con una pizarra o en una servilleta de papel: tienes tu mensaje e historia controlados, así que el medio es lo de menos.

ANTES DE PRESENTAR

Justo el día que tengas que hacer la presentación es el que más nervioso estarás. Así que para atenuar tus nervios, además de ensayar mucho, es importante llegar con tiempo al lugar donde se expondrá la presentación. Mejor aún: haz un ensayo general en ese lugar. Así no tendrás sorpresas con la compatibilidad entre el proyector y el portátil, la acústica de la sala, columnas que impidan la visibilidad, etc. Y es muy importante que cuando empiece a llegar el público, toda la parafernalia esté perfectamente preparada —cables conectados y colocados, documentación impresa en cada butaca si lo has decidido así, iluminación perfecta, etc–.

¿Recordáis lo que comentábamos que el escenario era un lugar desconocido y eso era uno de los motivos por los que nos sentíamos inquietos? Pues familiarizaos con él: recorredlo en toda su extensión, dad una vuelta por la sala, ved en qué zonas se os va a ver más y con más luz, probad en qué lugar os sentís más cómodos, etc.

Además, puedes empezar a establecer vínculos con la gente que llegue temprano, de tal forma que tengas una cara amiga que buscar cuando te atasques o para contrarrestar miradas hostiles. Es de gran ayuda que la persona que ha organizado la charla —o que te ha ayudado a concertar la reunión–, esté entre tu audiencia, para hacer de esa cara amiga. No obstante, puede ser alguien a quien te hayas presentado nada más entrar, o esa persona que hay siempre entre el público que asiente a todo lo que dices.

Pero cuidado con mirar sólo a estas caras amigas: tu atención tiene que distribuirse entre todos los asistentes para que todo el mundo se sienta igual de bien atendido. Además, no quieres una demanda por acoso sexual, ¿verdad?

Viene también muy bien probar el punto de vista que tiene la audiencia del escenario. Después de recorrer la sala, prueba a sentarte en algunas butacas para ver cómo se ve el escenario —y las diapositivas– desde ese lugar concreto. Hay que comprobar si algún objeto disminuye la visibilidad para el público, hasta dónde puedes andar sin meterte de lleno en la imagen del proyector, si hay algún lugar que tenga más luz o que esté más oscuro para estar más o menos tiempo en él, si hay algún obstáculo — una columna, por ejemplo– que entorpezca la visión desde algunas de las butacas, etc.

En definitiva, se trata de que te sientas como en casa, como si estuvieras sentado en el salón con toda la audiencia para tener una *conversación* sobre el tema de la charla delante de un café y unas pastas. Tienes que sentirte cómodo y conforme va transcurriendo la charla, los nervios irán desapareciendo. De hecho, si tienes que dar la misma charla varias veces, notarás como este tiempo que va desde que te pones a hablar hasta que te sientes cómodo, cada vez es menor.

Como decíamos antes, una de las ventajas que tienes cuando llegas con tiempo de sobra al lugar donde vas a exponer la presentación, es que puedes comprobar que todo lo necesario funciona correctamente, para no tener sorpresas desagradables durante la presentación. A continuación, te damos algunos útiles consejos que hemos recopilado mediante la experiencia:

- Lleva la presentación en el portátil que vayas a usar y en una llave USB como backup.
- Lleva otro portátil por si acaso el primero "se muere".
- Comprueba que el portátil que uses es compatible con el proyector en cuanto a resolución.
- Lleva tu propio cable VGA, de longitud suficiente para poder poner el ordenador donde te convenga, con la pantalla hacia ti para usar la Vista del Moderador[81].
- Prueba el mando a distancia que vayas a utilizar –y lleva pilas de repuesto–. No está de más llevar un segundo mando. Habitualmente, nosotros llevamos un mando por infrarrojos y otro por radiofrecuencia –por si en la sala hay algún tipo de interferencia, como fuentes de luz extrañas o metal entre el ordenador y donde nos situamos nosotros–.
- Si vas a necesitar conexión a internet, asegúrate de que esté disponible. Lleva un modem 3G por si acaso lo necesitas en el último momento.
- Si vas a hacer una demo en vivo[82], lleva un vídeo con la demo grabada por si las cosas salen mal.

---

[81] Descubre lo útil que es esta herramienta en nuestro blog: http://www.presentacionesartesanas.com/blog.php/2011/02/22/vista-del-moderador-en-power-point.html

[82] Recuerda que la mejor manera de presentar algo es enseñarlo, además de contarlo. Si presentas software, hay que enseñarlo en vivo. Si presentas un coche, hay que dejar que el público lo toque –aunque sea una maqueta–

- Si vas a utilizar sonido, prueba el sistema de la sala. Lleva unos pequeños altavoces alimentados por USB por si acaso. Sin funcionan con pilas, lleva pilas.
- Si vas a enseñar cosas en un dispositivo de pequeña pantalla, busca la manera de que se vea en grande –hay software para que la pantalla del móvil se vea en el ordenador y hay móviles con salida de TV–.
- Lleva alguna botella de agua –no demasiado fría– para beber de vez en cuando y no quedarte afónico.
- Quita el fondo de pantalla de tus hijos o de tu coche favorito: queda poco profesional y la gente se despista en seguida.

Aunque a veces te pueden decir que hay un PC en la sala que puedes usar para poner las diapositivas, si puedes llevar tu propio equipo, mejor. Así sabrás que tienes instalada la versión del PowerPoint con la que se ven bien las diapositivas, que todas las fuentes están en su sitio, que el mando funciona correctamente con este ordenador, etc

Y algo que no se suele tener en cuenta es que hay que apagar todos los programas que puedan interferir con la presentación –email, mensajería instantánea, avisos del antivirus, actualizaciones de software, etc–. No queda nada bien que salga un diálogo –o el ordenador emita un sonido– mientras estás presentando. Imagínate que en medio de la diapositiva más importante, aparece un mensaje diciendo algo como "Menuda fiesta la de anoche, ¿eh?".

¿Paranoia? No, experiencia. Todo lo que está aquí escrito ha pasado en la realidad, bien a nosotros en persona, bien en una charla a la que hemos asistido.

Por otro lado, hay algunas cosas que te pueden ayudar a que la presentación fluya con más soltura, a que el paso de las diapositivas y tu conversación esté más integrada. En primer lugar, creemos que es imprescindible disponer de un *mando* a distancia para pasar las diapositivas. Si tienes que acercarte al ordenador –o decirle a alguien que lo haga– para pasarlas, estás haciendo pausas que pueden ocasionar que tu audiencia desconecte. No es solución quedarse quieto delante del ordenador:

acercarte al público provoca que te vean más cercano y accesible, haciendo que les sea más fácil "sintonizar" con lo que estás contando.

En cuanto a los mandos, los hay de muy diversas formas y tamaños. Los más lujosos —como los Logitech Presenter— incluyen pantalla LCD para que veas cuánto tiempo te queda disponible y vibran de una manera determinada cuando te acercas al final del tiempo asignado. Pero también los hay más pequeños y discretos que distraerán menos al público —aparte de que son más baratos, que no hay que olvidar que estamos en crisis—. Realmente, basta con que tengan botones para adelantar y retroceder diapositivas y quizá, uno para poner la pantalla en negro —y así poder atraer la mirada del público sin distracciones—. Si sueles utilizar vídeos en tus presentaciones, poder controlar el volumen desde el mando a distancia te vendrá muy bien.

Los mandos pueden conectarse al ordenador mediante infrarrojos —por lo que necesitarás una línea de visión sin obstáculos entre el mando y el receptor de infrarrojos— o mediante radiofrecuencia —que permite mayor alcance y menos interferencias—. Por lo general, basta con conectar el receptor a un puerto USB y ya podremos empezar a manejarlo. Los Mac suelen llevar receptor de infrarrojos, pero está colocado mirando hacia el que esté tecleando, por lo que deberás asegurarte de colocarlo bien para no tener problemas.

En segundo lugar, es muy útil disponer de monitores auxiliares; se trata de un monitor –o varios– que puedas ver tú para saber en qué diapositiva estás sin tener que mirar a la pantalla de detrás de ti. Recuerda que lo más importante es mantener el contacto visual con el público y si estás todo el rato mirando la pantalla y, por tanto, dándoles la espalda, perderás este factor. Uno de estos monitores auxiliares puede estar situado a tus pies o en la pared del otro lado de la sala: no hace falta que leas lo que pone –no queremos un teleprompter–, basta con que se vea qué diapositiva es la que estás mostrando en cada momento.

DURANTE LA PRESENTACIÓN

Y por fin llegamos a ese momento que estamos temiendo: el momento de salir ante la audiencia y contar nuestra historia. Veamos algunos consejos para este crucial momento...

Una tendencia generalizada es apagar las luces para que la imagen de la diapositiva se vea mejor. Los proyectores actuales son perfectamente capaces de proyectar una imagen nítida en condiciones de luz tenue, así que no apagues las luces. ¿Por qué? Pues porque si están apagadas, no te verán y recuerda: TÚ eres la presentación. La gente ha venido a escucharte A TI. Si sólo vinieran por las diapositivas, estarían esperando a que alguien se las mandara por mail...

Pese a que los proyectores modernos no tienen problemas en mostrar imágenes nítidamente incluso con las luces encendidas, te puede pasar que en algún lugar al que vayas, el proyector tenga ya unas cuantas miles de horas de uso o se comprara cuando tú aún jugabas a los playmobil. Eso significa que algunas de tus diapositivas no se verán del todo bien, así que intenta darles el máximo contraste posible a la hora de diseñarlas por si acaso o tendrás que pedir que te bajen la luz para alguna diapositiva en concreto. En cualquier caso, dado que la presentación eres tú, tampoco es algo crítico.

Y ahora que estás delante de toda esa gente, ¿cómo empezar? ¿Cómo podemos "romper el hielo"?

Piensa en cómo abordas a la gente normalmente. Primero, te presentas –o alguien os presenta– y luego intentas buscar algún punto en común. Esta segunda tarea, tan complicada en la vida real, es mucho más fácil: tu audiencia y tú estáis aquí por un mismo motivo: tu presentación. Ya tenéis algo en común que puedes utilizar para romper el hielo. Por ejemplo, nosotros solemos empezar con lo siguiente: "¿Alguno de vosotros no ha hecho nunca una presentación?"[83] Silencio, para que la audiencia rememore sus experiencias. "Y, ¿quién de vosotros no ha sufrido o infligido jamás la muerte por PowerPoint?"

Hay gente que empieza sus charlas con un chiste, pero si no eres gracioso, no hay nada más inquietante que el que sólo te rías tú. Se puede empezar con una anécdota personal, una historia que te haya pasado a ti y que tenga relación con el tema de la charla. Por ejemplo, si estás presentando un nuevo modelo de coche, particularmente espacioso, podrías empezar con algo como "Siempre que voy de vacaciones con mi familia, miro el montón de maletas y bolsas en el suelo y me preguntó cómo demonios voy a meterlo en el maletero. ¿No os ha pasado nunca?". Seguro que puedes encontrar algo que hayas vivido personalmente que pueda ayudar a que la audiencia se sienta identificada. Y si además, añades una pregunta retórica, les estás dando tiempo a recordar momentos similares de sus vidas.

Como veis, es importante captar la atención del público durante el primer minuto. Puede ser con una pequeña broma, una diapositiva con una imagen impactante o con una "frase gancho":

- "Estamos aquí para que os ahorréis un millón de euros –pausa dramática– al año"
- "Hoy vamos a presenciar cómo va a ser el futuro de las comunicaciones móviles"
- "Lo que vamos a ver hoy es lo que necesitáis para salir de la crisis"

En cuanto a las imágenes, si empiezas con algo impactante, debes saber compensarlo al final. Por ejemplo, si tu idea es para que los padres ocupados tengan más tiempo, podrías comenzar la exposición con una foto de un padre muy liado –con el niño en brazos, preparando la comida mientras habla por teléfono– y decir "¿Este eres tú?". Pero al acabar la

---

[83] Sólo una vez, una persona levantó la mano

presentación, tiene que haberse mostrado una diapositiva con un padre relajado, para que el público no se vaya a casa con la imagen primera. Como decíamos, la audiencia espera un final feliz: así que casa a la princesa con el príncipe y cárgate al malo.

Además, nuestro mensaje debe quedar claro desde un primer momento: "Hoy estamos aquí para cambiar el futuro", "Vamos a abordar un auténtico desafío", "Vamos a ahorrarte el precio de 150 licencias de Windows". Recuerda el Elevator Pitch, del que hablamos en la parte de Preparación del mensaje, eso te puede dar pistas para saber cómo empezar "fuerte" con tu presentación.

Si mientras ensayamos, nos hemos grabado, seguro que nos hemos dado cuenta de un montón de cosas que hay que subsanar. Una de las más frecuentes, es el uso de coletillas. Recuerdo con cariño un profesor de filosofía que tenía a la tierna edad de 15 ó 16 años. Era un buen profesor y explicaba muy bien su asignatura, pero le perdía el uso de varias coletillas de las que tomábamos nota en nuestros apuntes. De hecho, contábamos cuántas veces repetía sus "Por consiguiente", "Es decir", "En primer lugar, en segundo lugar, etc" y sus "Como iba diciendo". No creo que en tu presentación la gente vaya a tomar nota de las veces que repites "Vale", "De acuerdo" o "¿No?", pero a la tercera vez que repites la misma palabra, tu audiencia estará esperando ansiosamente la siguiente repetición y se fijará en ello más que en lo que estás contando.

Hemos hablado en este apartado varias veces del contacto visual y de lo importante que es para que el público se sienta atendido. Evidentemente, no podemos discriminar a nadie y hay que intentar mirar a la cara a todos y cada uno de tus asistentes, tarea fácil cuando están agrupados. No hay más que dividir en una cuadrícula imaginaria las filas de asientos e ir recorriendo cada una de las celdas de la cuadrícula consecutivamente con nuestra mirada.

Lo cierto es que normalmente, nadie se sienta en primera fila y el público asistente se suele colocar por grupos de amigos o compañeros de trabajo, y a veces puede pasarte que haya "islas de gente" en la sala donde das la charla. Esto hace difícil que puedas pasear la mirada por la sala sin tener que "saltar" esos huecos, así que te ofrecemos una solución: junta a la gente. Scott Berkun, en su libro *Confessions of a Public Speaker*, propone el método de dar premios a aquellos que se levanten de su butaca y se muevan. Realmente, él entrega ejemplares de sus libros, pero como no todo el mundo tiene libro, quizá pueda serviros una bolsa de caramelos a modo de incentivo.

Tu voz

A la hora de exponer, no olvides la fuerza que puede tener un silencio. Como hemos visto en alguno de los ejemplos anteriores, el silencio puede ser nuestro aliado: Una pausa dejará a los asistentes con ganas de la siguiente frase, pensando qué puede venir a continuación. Pero cuidado con quedarse en blanco: para minimizar ese peligro es por lo que hemos ensayado la presentación hasta la última palabra. Y tampoco es conveniente rellenar ese momento que nos quedamos en blanco con las ayudas típicas de "eeeeh", "aaaah", "mmmm". Mejor, el silencio. Además, eso hace llamar más la atención a la gente que se haya podido despistar de la charla, ya que se pregunta "¿Por qué se ha callado? ¿Ha preguntado algo?". Recordad sino vuestros tiempos de estudiante y qué hacíais cuando se hacía el silencio durante varios segundos....

Y ya que hablamos del silencio, no podemos dejar de comentar qué hacer con tu voz. Hace unos párrafos comentábamos que es un componente fundamental para comunicar: si quieres transmitir pasión con tu discurso, tu tono de voz tiene que mostrar esa pasión. Remarca las palabras clave para que tu audiencia sepa que lo son. Además, un discurso monótono tiene más posibilidades de hacer que tu audiencia desconecte porque tienen que realizar un esfuerzo adicional para saber qué es lo importante de tu discurso. Un ejemplo: imaginad la siguiente frase e imaginad también que las palabras en mayúscula son aquellas en las que hacemos hincapié:

- TENEMOS la solución a vuestro problema con los clientes

- Tenemos LA SOLUCIÓN a vuestro problema con los clientes

- Tenemos la solución a VUESTRO problema con los clientes

- Tenemos la solución a vuestro PROBLEMA con los clientes

¿A qué el sentido de la frase cambia totalmente? En el primer caso estamos dando más importancia al TENEMOS, estamos remarcando la primera persona. En el segundo caso, lo que queremos remarcar más es que tenemos LA SOLUCIÓN. En el tercer caso da la sensación de que nos estamos aislando un poco de la audiencia, al expresar con más fuerza el VUESTRO. En el último caso, parece que lo más importante de nuestro discurso es el PROBLEMA, no la solución. Por eso es importante utilizar el tono de voz apropiado en cada palabra, e incluso la palabra a enfatizar puede ser distinta para cada audiencia a la que te enfrentes con ese discurso: no es lo mismo explicarles tu idea a los que tienen que subvencionarla que a los que tienen que comprar el producto resultante.

Tus manos

Llegamos ahora a un punto tremendamente importante a la hora de exponer nuestro tema: el movimiento de nuestras manos. Como comentábamos antes, todo nuestro cuerpo comunica y es necesario saber que la posición de nuestras manos es un detalle más en el que la gente se va a fijar y va a interpretar aunque sea a nivel inconsciente.

Por ejemplo, si nos cruzamos de brazos, estamos adoptando una postura "a la defensiva", como diciendo "esto es lo que cuento y si no os gusta, me da igual". Estamos transmitiendo que no admitimos preguntas ni diálogo, lo cual no es nada bueno para motivar al público a que participe, a que interactúe con nosotros durante la charla.

Otra postura típica que se suele adoptar es poner las manos a la espalda, la "postura del policía" o del "vigilante de exámenes", dando la sensación de que estás mirando si tu audiencia se porta bien, no habla ni come chicle. ¡Y cuidado con el que ose levantar la mano para preguntar!

También hay gente que se mete las manos en los bolsillos, como si ocultase algo. Incluso he visto personas que se ponen a juguetear con las llaves, el móvil o lo que quiera que sea que lleven ahí dentro.

Y también hay gente que enlaza las manos a la altura de sus genitales, en plan "No me hagáis daño, por favor".

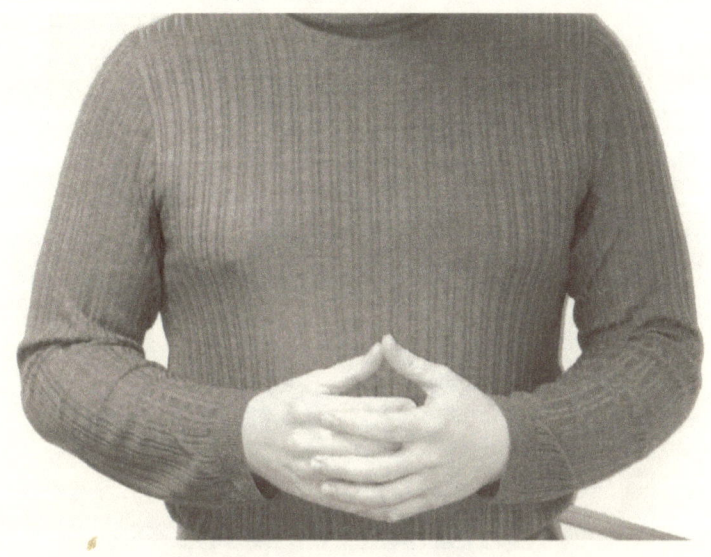

La postura que recomendamos es la que se puede ver en la foto que ves aquí encima. Otros autores aconsejan también el dejar caer las manos a los lados del cuerpo, pero a nosotros nos gusta más ésta.

Se trata de entrelazar las manos a la altura del estómago, de manera *relajada*. No significa que sujetes con fuerza tus manos para no moverlas o no expresarte tal y como eres: es para evitar que las pongas en las posiciones que hemos comentado hace un momento.

El entrelazar las manos así nos da libertad para mover las manos a izquierda y derecha cuando queramos señalar algo en una diapositiva o queramos remarcar algo de lo que estamos diciendo. Para esto último es para lo que las manos se deben usar: para recalcar tus palabras. Enumera elementos con tus dedos, tócate la cabeza para indicar que hay que pensar, abre tus brazos para abarcar algo, etc.

Como esta postura no es demasiado natural, hay varios trucos para que nuestras manos no parezcan fuera de lugar, y que vamos a ver ilustrados a lo largo de las siguientes páginas.

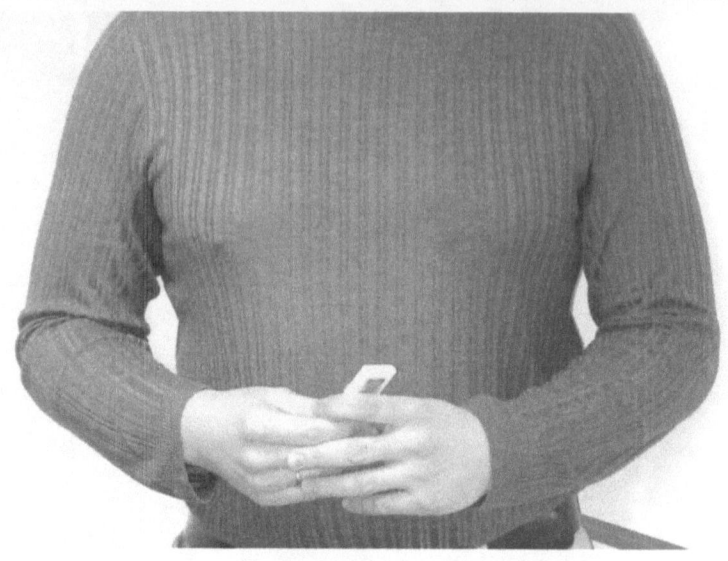

El primero de ellos es usar el mando que usemos para nuestras presentaciones. Sujétalo con ambas manos a la altura del estómago y manténlo en el centro con una mano mientras haces gestos con la otra. No muevas el mando del centro, porque de lo contrario, puede parecer que estás enseñando el mando a la audiencia cuando lo que quieres hacer es señalar algo en la pantalla.

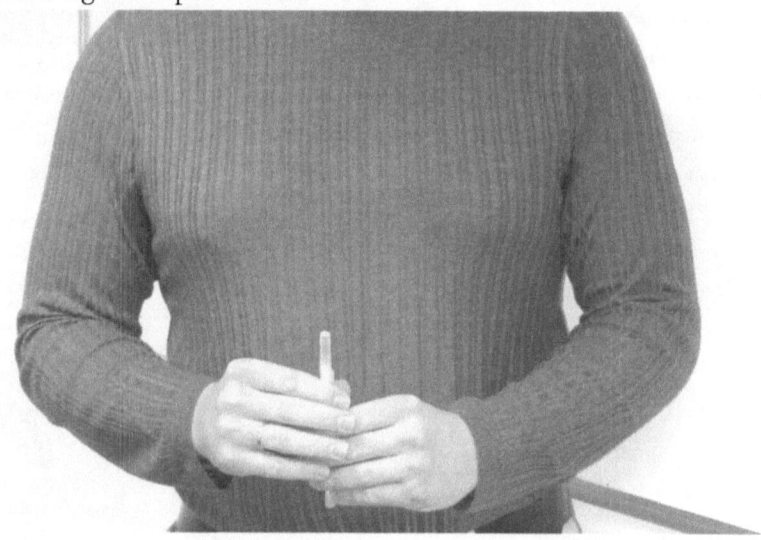

Otra posibilidad es sujetar un bolígrafo o un cuaderno —o tarjetas— de la misma forma que el mando. Pero igual que hemos dicho antes, no muevas la mano que sujeta tu soporte, especialmente si lo que tienes son hojas grandes que pueden "aletear" y distraer a tu público. Y si usas un bolígrafo, mejor con tapa que con mecanismo de muelle: es una tentación demasiado grande pulsarlo y empezar a hacer esos molestos clicks. Amén de que podemos mancharnos con la tinta si empezamos a manosearlo, cosa bastante frecuente si estás nervioso.

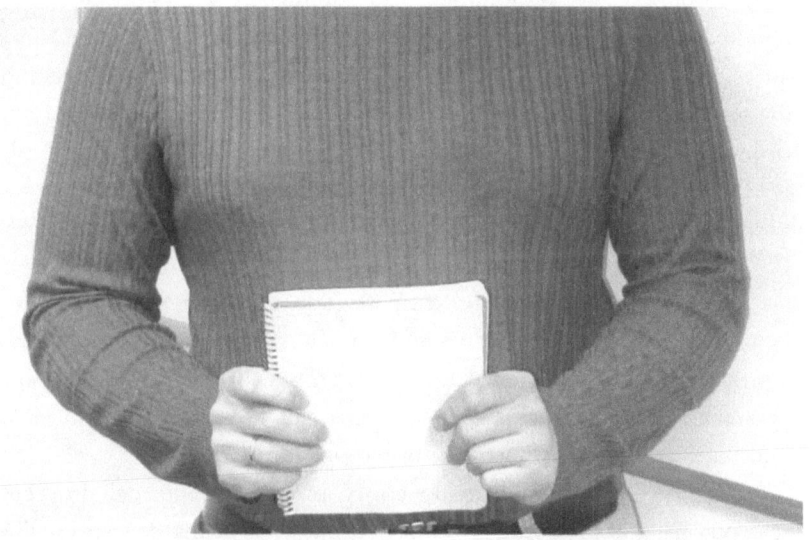

Por último, si disponemos de un atril, puede venir bien apoyar las manos en los laterales. No obstante, siempre es mejor hablar de pie y sin que parezca que estamos detrás de una barrera, protegidos de la audiencia.

La próxima vez que veas a alguien en la televisión dando una charla —un mitin político, un presentador de telediario u otros programas, etc. —, fíjate en cómo mueve las manos. Verás cómo a partir de ahora, no podrás evitar mirar cómo mueve la gente sus manos cuando habla en público. Y seguro que descubres cosas que te pueden ayudar en tu próxima charla.

Tu cuerpo

En cuanto al resto del cuerpo, debe acompañar a las manos, girando e inclinándose según corresponda. Además, aprovecha el escenario para moverte por toda su extensión, acercándote a tu audiencia cuando quieras conseguir un grado de intimidad mayor.

Es mejor si permaneces cerca de las diapositivas en el momento concreto en que te apoyas en ellas para que la gente no tenga que mirar a dos sitios: a ti para ver qué dices y a las diapositivas para tener el refuerzo visual. Empieza cerca de la diapositiva y luego siéntete libre de moverte.

Tampoco es cuestión de hacer kilómetros y kilómetros cuando expones: podría poner nerviosa a la audiencia. Puedes aprovechar las pausas entre ideas o la proyección de vídeos para cambiar de ubicación en el escenario. La cuestión es que no estés todo el rato en el mismo sitio, porque el cerebro humano se acostumbra en seguida a esas cosas y filtra los objetos inmóviles. Al final, lo de moverse por el escenario es para que te acerques a todos los miembros de la audiencia por igual, para que no estés todo el rato cerca de las mismas personas.

Dos fallos que se suelen cometer son presentar sentado —con lo que perdemos gran parte de nuestro lenguaje corporal y nuestra capacidad de proyectar la voz— y balancearse quieto en un sitio —vestigios de cuando nos acunaban de pequeños para que nos calmásemos—. Por eso es tan importante grabarse, porque descubriremos fallos como estos.

Por otro lado, ten cuidado con pasar por delante del proyector, causa una mala impresión el ver una sombra por encima de la diapositiva o una imagen encima de la cara de un ponente. Lamentablemente, no todas las salas están preparadas para dejarte espacio para moverte, pero por eso es tan importante llegar al lugar de la charla con antelación, para saber dónde puedes ponerte y dónde no.

Involucrando a la audiencia

Cuando estemos exponiendo nuestra charla, no podemos olvidar que no estamos en un púlpito, soltando nuestra charla sin esperar comentarios o como si no hubiera nadie en la sala. La comunicación es —o debería ser— algo bidireccional. Tenemos que pensar que la gente que está escuchándonos es tremendamente proclive a dejar volar su imaginación y pensar en los correos que tiene que leer o en que tiene que comprar un regalo a la salida de la charla. Incluso puede que haya gente que esté usando su portátil en medio de tu disertación. Por eso es imprescindible implicar a la audiencia en nuestra charla.

Una forma puede ser utilizando una de las herramientas más de moda hoy en día, Twitter[84]. Podríamos definir Twitter como un tablón de anuncios donde cualquier persona pueda poner sus mensajes expresando sus sentimientos. Por defecto, todo el mundo puede ver esos mensajes, responder a ellos y hacer búsquedas en ese listado de mensajes, que además están limitados a 140 caracteres.

Twitter obliga a que sus miembros sinteticen al máximo sus pensamientos, pero también permite que lo hagan desde ordenadores de sobremesa, portátiles o incluso teléfonos móviles –mediante SMS en los teléfonos más sencillos y con aplicaciones específicas para los modelos de gama más alta–.

Se trata de que los miembros de la audiencia que tengan cuenta en Twitter, escriban mensajes en este servicio con una etiqueta –por ejemplo, #presart– que permita ver sólo los mensajes relacionados con la charla. Estos mensajes, los iría recogiendo un moderador, para poder tener una impresión de cómo está siendo acogida la charla y servirán como pista para reorientarla en caso necesario. Además, los asistentes más tímidos pueden dejar sus preguntas o sugerencias mediante este medio.

En nuestro caso, dado que impartimos el seminario en pareja, mientras uno expone el otro va siguiendo los mensajes de Twitter para luego comentarlos en voz alta entre sección y sección. También va contestando dudas de los asistentes en la propia herramienta o remarcando algo que está diciendo el otro ponente. De esta forma, tanto durante el evento tanto como después del evento, cualquiera puede hacer una búsqueda en Twitter con la etiqueta que os comentábamos antes para revisar las preguntas que se hicieron y si la audiencia quedó satisfecha o no con la presentación.

Lo que no recomendamos es proyectar los mensajes en torno a la charla en una pantalla auxiliar mientras el ponente está presentando. Más

---

[84] http://www.twitter.com

que nada porque puede pasar que haya gente del público que, para hacerse notar, empiece a enviar mensajes con insultos, en tono de desprecio u otras lindezas por el estilo. Pero además, es muy fácil que tu audiencia se distraiga con esos mensajes que van a apareciendo en la pantalla y se olviden completamente de la charla. Tú simplemente estás facilitando la participación de la audiencia, pero no tienes por qué obligar a todo el mundo a leer los mensajes: el espectador que quiera puede usar su teléfono móvil o portátil para participar.

Fíjate si ha cobrado importancia Twitter como herramienta de interacción con la audiencia, que SAP ha puesto a disposición del público una serie de herramientas para integrar este servicio web 2.0 con PowerPoint[85]. Estas herramientas permiten disponer de diapositivas para ver el humor de la audiencia, para ver los tweets –mensajes de Twitter– relacionados con la charla, etc.

Quizá penséis que fomentar que tu audiencia use Twitter mientras hablas es una llamada a que dejen de hacerte caso. Efectivamente, Twitter es un arma de doble filo, pero cada vez es más frecuente que tu público se lleve el portátil a la presentación: para leer el correo, para navegar por internet buscando algo que hayas dicho para corroborarlo o ver si la información está actualizada, etc. Incluso puede que vayan a empezar a poner mensajes en Twitter criticando o ensalzando tu presentación. Si eres tú quien define la palabra clave, estás facilitando que todos los mensajes sobre la charla queden almacenados bajo la misma etiqueta, siendo mucho más fácil encontrarlos. Les estás dando algo que hacer con esos portátiles que se han traído, canalizando su atención para que puedan opinar sobre lo que estás contando. Es lo más cercano que tiene un presentador a poder leer la mente de su audiencia, con lo que puede ir refinando su discurso a medida que va viendo la impresión que causa en su público y actuar en consecuencia.

Pero además de comentarios, muchos de los asistentes a tu charla usarán tu teléfono móvil para sacar fotos del evento. ¿Qué harán después con ellas? Pues posiblemente compartirlas con el público en general a través de redes sociales como Facebook o mediante sitios de compartición

---

[85] http://www.sapweb20.com/blog/powerpoint-twitter-tools/

de fotos como Flickr o mediante otras aplicaciones como Twitpic[86] o Instagram[87]. Incluso puede que graben vídeos y luego los suban a YouTube. A no ser que cobres por derechos de imagen –o que tus diapositivas sean alto secreto–, no hay ningún problema en que lo hagan, pero coméntales que es bueno que usen la misma etiqueta que has mencionado para Twitter. También conviene buscar esa etiqueta por los sitios web mencionados para ver si hay comentarios a las fotos o vídeos que puedan ayudarte a mejorar tu próxima charla.

Vamos a mencionar algunas herramientas que os pueden venir bien para esta "conversación en paralelo" con la audiencia:

- Tweetdoc[88]. En este sitio web podéis generar un informe en formato PDF con todos los tweets relacionados con un hashtag concreto. Así puedes guardarlo para la posteridad.

- AutoTweet[89]. Con esta aplicación se generan tweets automáticamente en las diapositivas que tú elijas, con el texto que tú decidas. De esta forma, estás *tuiteando* a la vez que estás presentando, con lo que puedes "poblar" el *backchannel* –esa conversación paralela que está teniendo lugar– con las cosas que quieres que queden para la posteridad.

Recuerda que para poder usar Twitter, necesitarás que en la sala haya conexión a internet –bien mediante WiFi o con cobertura 3G para los móviles–. No es raro que la conexión 3G se vuelva imposible de utilizar si todos los asistentes intentan tuitear a la vez...

Pero dejemos ya de hablar de tecnología y pasemos a cosas más cotidianas, ya que otra posible manera de hacer que la audiencia participe es mediante juegos. ¿Que nadie se atreve a preguntar? Pues lanzamos una pelota a la audiencia y que se la vayan pasando: la tercera persona que coja

---

[86] http://twitpic.com/

[87] http://instagr.am/

[88] http://www.tweetdoc.org/

[89] Hay un estupendo tutorial sobre cómo usar esta herramienta en http://elartedepresentar.com/2010/11/30/como-tuitear-en-vivo-directamente-desde-powerpoint/

la pelota está obligada a realizar una pregunta o hacer un comentario sobre la charla.

¿Que nadie se quiere sentar en la primera fila? Ofrecemos caramelos a los que se levanten y se coloquen en esa primera fila maldita. Esto de los caramelos también se puede hacer para fomentar las preguntas, claro. Y si tienes la suerte de tener algún libro publicado, podrías incluso regalar ejemplares del mismo.

Ante todo, a la audiencia le gusta jugar, tocar, interactuar con lo que se está presentando. Por eso, si de lo que estás hablando puede convertirse en algo tangible, el público lo agradecerá enormemente. Por ejemplo, si estás presentando un nuevo modelo de teléfono móvil, mantenlo tapado con un pañuelo de seda y no lo desveles hasta que llegue el momento. Luego, circúlalo entre los asistentes o diles que podrán probarlo al final de la charla.

Cualquier producto tangible es susceptible de ser enseñado al público: edificios –mejor maquetas de contrachapado que vídeos en el ordenador–, coches, pantallas, placas solares,… Y para cualquier software aplica lo mismo: una buena demo siempre es mejor que unas capturas de pantalla –y recuerda lo que comentamos antes de tener demos grabadas en vídeo por si acaso–.

Eso sí: recuerda que no necesitas hacer una demo completa de todas las posibilidades. Basta con que enseñes qué es lo que hace a tu producto diferente. Una demo, incluida en una presentación, debería durar unos pocos minutos –3-5–, ser ágil y enseñar justo lo que importa a la audiencia. Piensa en esta demo como el tráiler de la película: es para que la audiencia luego quiera ir al cine; en otras palabras, sirve para despertar el interés para luego tener una reunión específica para enseñar el producto, probarlo, aclarar dudas concretas, etc.

Por esa misma razón, debes repetir tu mensaje a lo largo de la exposición varias veces. Si el público recuerda una sola cosa de toda tu charla, que sea tu mensaje. Debe ser corto y sintetizar en una frase todo el contenido de tu charla: "Porque existe otra forma de entender las presentaciones y conectar con tu audiencia" es el nuestro.

¿Y si…?

¿Qué pasa si alguien me pregunta algo que no sé? No pasa nada, di que no lo sabes y que la persona que ha preguntado te dé su dirección de correo electrónico para contestarle la duda en un plazo máximo de dos días. También queda bien decir algo como "Déjame confirmarlo y te contesto por mail". Si sois varios ponentes y cada uno controla de una parte del tema, no pasa nada por ceder la palabra al que puede contestar con más precisión la pregunta.

Pero, ¿y si alguien se empeña en boicotear la presentación? En primer lugar, mantén siempre la calma. Si hay alguien empeñado en llevarte la contraria y convertirse en el centro de atención, expón tus argumentos y razona con esa persona. Si aun así, sigue empeñado en no dejar continuar la presentación, pregunta al resto del público si están de acuerdo con él.

Esta situación puede parecerte excepcional, pero a nosotros nos pasó una vez: una persona del público empezó a decir que lo que estábamos contando —era uno de nuestros seminarios de El Arte de la Presentación— no se reflejaba para nada en nuestras diapositivas, cosa con lo que no estábamos de acuerdo en absoluto. Así que le contestamos explicando cómo la presentación estaba creada siguiendo precisamente las técnicas y métodos de los que estábamos hablando.

Como la persona no quedó convencida, volvimos a explicarle con otras palabras cómo la presentación reflejaba el mensaje, cómo habíamos creado la historia, etc. Una vez más, esta persona nos interrumpió, así que, ni cortos ni perezosos, preguntamos al resto del público que si opinaban igual y se oyó un sonoro "No". Así que el "espontáneo", se calló y no volvió a decir nada. Curiosamente, se quedó hasta el final de la charla, así que no debió parecerle mal del todo.

Como anécdota, hubo quien nos preguntó que si lo del espontáneo estaba preparado, porque nuestra reacción había quedado "muy profesional". La verdad es que no hicimos nada más que contestar con educación y valorar en su justa medida el tiempo que el resto del público estaba invirtiendo en asistir a nuestra charla.

Por otro lado, no hay problema en contestar y explicar cuantas veces sea necesario una cosa, pero si estamos robando demasiado tiempo al resto del público, es mejor que invitemos al que ha preguntado a quedarse un rato después de la charla para aclarar los conceptos que se le resisten.

¿Qué hago si se me duerme alguien? Bueno, a nosotros también nos ha pasado. En nuestro descargo hay que decir que era un lunes a eso de las 9:30 de la mañana y que sólo se durmió una persona de entre los 300 asistentes. Eso sí, estaba totalmente KO, con la cabeza caída hacia atrás. Le sacamos una foto, pero no queremos meternos en problemas con sus abogados.

Y, ¿luego?

Una última cosa: ¿qué hacemos después de dar la charla? Tras el turno de preguntas, di que estarás disponible para aclarar conceptos, no sólo por mail o en un blog, sino que vas a estar físicamente por ahí un cierto tiempo más. Si tu agenda lo permite, come con alguno de los asistentes o con los organizadores, vas a tener una información tremendamente útil para mejorar tu manera de presentar. Además, la oportunidad de conocer nuevas personas e incorporarlos a tus contactos, siempre es valiosa, porque te pueden abrir puertas en sitios insospechados.

Recuerda: sé accesible también después de la charla. No tengas miedo a tu audiencia y sus preguntas. Curiosamente, hemos visto ponentes que han puesto pies en polvorosa en cuanto han terminado de hablar.

MÉTODOS DE EXPOSICIÓN

Y ahora, pasemos a ver algunos métodos de exposición que se usan habitualmente. Hay que decir que el usar uno u otro puede influir en la estructura de la presentación, por lo que si nos imponen un método, habrá que orientar la presentación a cumplir las reglas de ese método.

Los primeros dos métodos que vamos a ver obligan al ponente a ir al grano, a transmitir el mensaje en un tiempo récord. ¿Recordáis el *Elevator Pitch*? Esto es sólo un poco más de tiempo…

Pero pese a la restricción de tiempo tan brutal que hay con estos métodos, no debes olvidar que sigues obligado a contar una historia. Recuerda que hay cuentos que duran 5 minutos y otros que duran una noche entera. Si tienes niños, sabes de qué estamos hablando: un padre cansado puede contar Blancanieves y los siete enanitos en apenas dos minutos. Y si no tienes niños, quizá te acuerdes de cuando tú eras uno de ellos y tus padres se acercaban a tu cama bostezando…

¿Preparado? Vamos a por el primero de estos métodos, que tiene el curioso y pegadizo nombre de…

Pecha Kucha (ペチャクチャ)

20 diapositivas con 20 segundos para cada una. Eso significa que si tu diapositiva tiene más de 3 palabras, no vale para este método. Es importante destacar que las diapositivas pasan automáticamente, por lo que ensayar bien el cambio de diapositiva –y la duración de tu charla– es crucial para el éxito de la presentación. En España hay noches Pecha Kucha en varias ciudades a lo largo del año: Madrid, Barcelona, Málaga, etc. Puede ser un buen sitio donde atreverse a probar esta manera de contar las cosas.

Ignite

Este otro método nos obliga a usar 20 diapositivas, con 15 segundos por diapositiva, lo que supone 5 minutos para contar nuestra idea. En este caso, las diapositivas también pasan automáticamente.

Hay en internet varios vídeos de presentaciones hechas siguiendo estos métodos. A nosotros nos gusta particularmente uno sobre cómo comprar un coche nuevo, presentado por Rob Gruhl con este último método, que puedes encontrar en YouTube[90].

Lo bueno de este vídeo es que marca el tiempo restante para cada diapositiva y para el total de la presentación, así se puede ver lo que tarda el presentador en cada diapositiva y cómo consigue ajustar su presentación al tiempo estipulado. Tampoco perdáis de vista que las diapositivas son muy visuales y que el sentido del humor impregna toda la presentación, haciendo que la audiencia pase un rato muy entretenido.

---

[90] El vídeo –en inglés- se puede encontrar en el siguiente enlace de YouTube: http://www.youtube.com/watch?v=sH651baH7-c

10-20-30

Veamos un método más: el 10-20-30[91] de Guy Kawasaky. En este caso se trata de usar 10 diapositivas, utilizar 20 minutos para la presentación y emplear una fuente de tamaño 30 como mínimo en dichas diapositivas. Las 10 diapositivas en concreto son:

- Título. Tu empresa, tu nombre y datos de contacto
- El problema: no debes ser una solución en busca de un problema, así que evita hablar del tamaño en el futuro del mercado al que atacas
- La solución. ¿Cómo solucionas el problema? No se permiten descripciones técnicas
- Modelo de negocio. ¿Cómo vas a ganar dinero? Habla de empresas que ya estén usando tu producto
- La magia detrás. Es el momento de los detalles técnicos: cuanto menos texto y más diagramas y flujos haya, mejor. Prepara informes y detalles de rendimiento para entregarlos tras la presentación.
- Marketing y ventas. ¿Cómo llegarás al cliente? Habla de la estrategia que tienes en mente
- La competencia. Tienes que haber hecho un trabajo previo a la presentación donde hayas buscado posibles competidores para tu producto. Durante la preparación, tienes que conseguir encontrar y demostrar por qué tu producto es mejor que el de esas otras empresas, sin caer en la trampa de simplemente desprestigiar a la competencia.
- Equipo. Tus ejecutivos
- KPIs –indicadores clave de rendimiento– y plan de negocio. 5 puntos hablando de dinero, número de clientes estimado, previsión para los próximos años, etc.
- Estado del arte. El estado actual de tu producto: comparte tu energía y datos positivos con la audiencia

---

[91] Podéis encontrar información detallada de este método en su libro *El Arte de Empezar*, publicado en España por ilustrae

El inconveniente es que este método está pensado para hacer presentaciones a fondos de capital riesgo de los que captar financiación. Por eso, en ciertos casos, hay diapositivas que no encajan demasiado bien. Además, en todos estos métodos se establece un número máximo de diapositivas, y a veces, es mejor añadir una diapositiva más —después de todo, son gratis— que intentar meter con calzador más información en una sola diapositiva.

RECURSOS

El qué consiga recolectar
más recursos [...]
será el que gane la partida

Instrucciones de Warcraft III

En esta parte del seminario, vamos a ver dónde podemos buscar más información e inspiración para nuestras presentaciones, así como fotos para ilustrarlas.

BIBLIOGRAFÍA

En castellano

En primer lugar, tenemos el libro *Presentation Zen*, de Garr Reynolds –http://www.garrreynolds.com/–. Se trata de un título que cambiará nuestra forma de ver las presentaciones y que contiene muchos ejemplos de los de "antes y después", altamente esclarecedores.

Aunque el libro *El Arte de Empezar* de Guy Kawasaky – http://www.guykawasaki.com/– trata sobre cómo montar una empresa, contiene un capítulo sobre cómo hacer presentaciones, donde describe con detalle la regla 10-20-30. Otra parte interesante es la de "marca", en la que explica algunas normas básicas para elegir el nombre de tu producto.

Exprime tus neuronas: 12 reglas básicas para ejercitar nuestra mente, de John Medina, nos ayudará a comprender cómo funciona nuestra mente en lo referente a captar ideas, fijarse en detalles y aprender. En este libro encontraremos explicación a por qué nos llama más la atención una imagen que un texto o cada cuánto deja de prestar atención nuestro cerebro a una presentación.

Aunque *El Guión* de Rober McKee está orientado a guionistas de cine, es una lectura muy recomendable para aprender a estructurar nuestras presentaciones de forma que cuenten una historia. Recordad que de esta forma, es más fácil que la información sea recordada por parte de vuestra audiencia.

En inglés

Un libro que tenemos que mencionar obligatoriamente es *Slide:ology*, de Nancy Duarte –http://blog.duarte.com/–. En este caso, el libro está más orientado al diseño de las diapositivas, con abundantes ejemplos prácticos. Especialmente reseñable es la parte de diagramas y paleta de colores, pero todo el libro es de lectura recomendada.

De la misma autora tenemos *Resonate*. Si su primer libro trataba sobre cómo diseñar diapositivas, este segundo título está totalmente centrado en cómo contar historias. Especialmente interesante es el análisis que hace de varios discursos históricos, detallando en cada caso el objetivo de cada frase o segmento de los mismos.

Quién iba a decir que Microsoft también sabe hacer presentaciones. ☺ Pues bien, resulta que Cliff Atkinson –cuyo blog podéis ver en la dirección –http://www.beyondbulletpoints.com/– cuenta cómo preparar una presentación usando el método *Beyond Bullet Points*, en el libro del mismo título. También contiene muchos ejemplos sobre qué poner en cada diapositiva y además, tiene una sección de cómo crear historias en ciertos contextos.

Con *Back of the Napkin*, tenemos un libro sobre pensamiento visual. Excepto una, todas las imágenes del libro están hechas a mano alzada, para demostrar que la mejor manera de resolver problemas es trabajar en analógico. Se incluye una metodología y un marco de trabajo para conseguir sacar el artista que llevamos dentro. Ambas cosas se pueden encontrar en la web de Dan Roam, el autor – http://www.thebackofthenapkin.com/–.

No podemos dejar de mencionar un libro sobre cómo presentar datos mediante gráficas y tablas y *Show Me the Numbers* –de Stephen Few - http://www.perceptualedge.com/– nos ha parecido tremendamente útil. Aunque no está específicamente dedicado a las presentaciones, los principios que se explican en él son fácilmente trasladables a cualquier diapositiva: se trata de hacer gráficos que muestren el dato relevante .

Robin Williams –no el actor sino una simpática mujer de mediana edad, cuya web podéis encontrar en http://www.ratz.com/– nos presenta un interesante libro sobre cómo el diseño y los tipos de letra pueden realzar una página web, un documento o una diapositiva: *The Non Designer's Design & Type books*. En todos los ejemplos que incluye el libro – y son muchos– se hace mención a la fuente que se ha usado por si ves alguna que te guste.

Un título que nos ha ayudado mucho a preparar la parte de Exposición ha sido *Confessions of a Public Speaker*, de Scott Berkun – http://www.scottberkun.com/–. Está repleto de divertidas anécdotas y consejos de este orador en público, que tiene más de 15 años de experiencia impartiendo charlas sobre innovación gracias a su experiencia en Microsoft y como consultor.

En *The Presentation Secrets of Steve Jobs*, Carmine Gallo – http://gallocommunications.com/– nos cuenta cómo prepara Steve Jobs sus presentaciones y las técnicas que utiliza para que sean memorables y tengan tanta repercusión como la que tienen, con miles de personas esperando ansiosamente cada una de sus apariciones. Tras explicar cada técnica, el autor aporta varios ejemplos tomados del mundo real que dejan clara su tremenda efectividad.

Por último, si no se os ocurren ideas para vuestra presentación, el libro *GameStorming* os puede venir bien, ya que describe una serie de técnicas para hacer brotar vuestra vena creativa. Además, estas técnicas son aplicables no sólo a presentaciones, sino a muchas otras cosas como procesos de negocio, comunicación, colaboración, etc.

FOTOS

Como hemos visto, un punto tremendamente importante a la hora de crear diapositivas es la utilización de imágenes de alta calidad. En esta sección vamos a ver algunas webs de donde sacar estas imágenes.

CompFight –http://www.compfight.com– es una herramienta de búsqueda en Flickr, que tiene una casilla para buscar sólo en fotos con licencia Creative Commons, que nos permiten usarlas siempre que mencionemos al autor y cumplamos las condiciones que nos pide, como vimos en el apartado de *Derechos de las imágenes*.

EveryStockPhoto –http://www.everystockphoto.com/– es un motor de búsqueda para encontrar fotos gratis, procedentes de fondos de dominio público o con licencia Creative Commons. Por ello es importante leer con cuidado la licencia de cada imagen, para saber cómo atribuirla correctamente a su autor. Dispone de unos 11 millones de fotos.

Stock.xchng –http://www.sxc.hu/ – un repositorio de fotos gratuitas de alta resolución, con un potente buscador. No obstante, el número de imágenes disponibles es algo menor que en otros sitios que hemos incluido aquí.

iStockPhoto –http://www.istockphoto.com/– dispone de un catálogo enorme de fotos, ilustraciones, vídeos –incluso en alta definición– y pistas de audio que podemos usar en nuestras presentaciones por un precio asequible. Podemos comprar las fotos una a una o tener una suscripción que nos permita descargar un cierto número de fotos al día durante cierto tiempo.

Shutterstock –http://www.shutterstock.com/– dispone también de vídeo y fotos –más de 15 millones–, aunque no puedes comprar imágenes sueltas: todos sus planes son por suscripción, bien por tiempo –con limitación de número de fotos al día que puedes descargar– o por número de fotos –por ejemplo, puedes comprar un paquete con derecho a descargar 25 fotos en cualquier momento durante un año–.

EN RESUMEN

"Nuestras vidas comienzan a apagarse
el día que callamos
sobre las cosas que importan"

Martin Luther King, Jr

A lo largo de este libro hemos visto qué es lo que falla con nuestras presentaciones, pero también, que podemos remediarlo siguiendo una serie de consejos y buenas prácticas de los que hemos visto unas pinceladas. Lo difícil viene ahora: aplicarlo a la vida real, a esas presentaciones que hacemos en nuestro día a día.

Tenemos que intentar que las presentaciones que se vayan a hacer en vivo sigan estos consejos: predica con el ejemplo. La próxima vez que un cliente te pida que le hagas una presentación de algo, usa estas técnicas y verás cómo lo agradece. Seguramente, tendrás más oportunidades de convencerle de que compre tu idea.

Si te piden una presentación por correo electrónico, manda un docupoint, pero la presentación visual te la tienes que guardar para ti, porque no tiene sentido sin que tú la cuentes. Y si tu jefe te encarga hacer una presentación para que la exponga él, podéis usar estas técnicas siempre que él sepa qué es lo que tiene que contar en cada diapositiva. Como decíamos, la preparación es lo más importante, y en este caso, hay que hacerla juntos.

Entre todos, tenemos que intentar cambiar la forma en la que se hacen las presentaciones. Con presentaciones que conecten con la audiencia, hay más probabilidades de que acepten contratar nuestros proyectos o de que entiendan nuestras ideas, pero también conseguiremos que nuestro público acuda encantado a cada presentación que hagamos, lo que nos diferencia inmediatamente del resto de presentaciones a las que tendrá que asistir.

Como hemos comentado, dedicar tiempo a una presentación es una inversión: a veces no merece la pena complicarse la vida, pero cuando estamos intentando conseguir algo "grande", recuperaremos la inversión con creces.

Además, cuanta más gente haga presentaciones así, más probable será que la próxima que veamos nos resulte más atractiva, así que se puede decir que estás promoviendo esta manera de hacer presentaciones en tu propio beneficio.

Y recuerda[92]:

Ahora, es tu turno para contárselo a todo aquel que te escuche y empieza a luchar contra las presentaciones aburridas y la muerte por PowerPoint. Quién sabe, quizá consigamos que, poco a poco, pasen a la historia...

---

[92] Esta es la diapositiva de resumen que ponemos al final de nuestros seminarios y mientras contestamos preguntas

GLOSARIO

CRÉDITOS DE FOTOS

Como hemos comentado a lo largo del libro, hay multitud de fotografías disponibles en internet para reforzar el mensaje que intentas transmitir en tu presentación. Pero debes respetar los derechos de los que han subido esas fotos a la web, mencionándolos en los créditos de tu presentación. Así que aquí van nuestros créditos para las fotos que aparecen en este libro, junto con nuestro agradecimiento para sus autores.

Página 26: Face eyes cat. © Timothy Lubcke / PhotoXpress.com.
http://www.photoxpress.com/stock-photos/face/eyes/cat/4947814

Página 27: Lioness Bush Lion. © Celeste Scholz / PhotoXpress.com.
http://www.photoxpress.com/stock-photos/lioness/bush/lion/4452997

Página 32: Foto de Alberto de Vega, modelo David Bartolomé

Página 35: Winter, por Vladimer Shioshvili, licencia CC-BY-SA.
http://www.flickr.com/photos/70601645@N00/388221237/

Página 49: Top Done, de Staci Flick, licencia CC-BY.
http://www.flickr.com/photos/-staci-/3395455579/

Página 66: IMG_0787RubyGloomBoard, de A&J, story board creado por Arna Selznick, licencia CC-BY-NC-ND.
http://www.flickr.com/photos/18983894@N00/1289611349/

Páginas 72 y 164: Imagen basada en una foto tomada por Alberto de Vega, modelo Eduardo de la Fuente. También la hemos elegido como portada para el libro

Página 86: No more Choco krispis?, de Eneas, licencia CC-BY.
http://www.flickr.com/photos/eneas/2462750895/

Páginas 91 y 95: A boy and his shadow, de Alberto de Vega, licencia CC-BY-NC-ND. http://www.flickr.com/photos/advl/3974134072/

Página 98: Imagen prediseñada incluida en Microsoft PowerPoint 2007/2010, también disponible en el enlace

174

Página 102: Meeting person welcome. © jpcasais / PhotoXpress.com. http://www.photoxpress.com/stock-photos/meeting/person/welcome/4653629

Página 103: Person young man. © jpcasais / PhotoXpress.com. http://www.photoxpress.com/stock-photos/person/young/man/4654551

Página 105: Father and Girl Child on Shoulders at Fair or Circus. "©iStockphoto.com / troyek. http://espanol.istockphoto.com/stock-photo-10225658-father-and-girl-child-on-shoulders-at-fair-or-circus.php

Página 111: Green tree forest. © Stanislav Komogorov / PhotoXpress.com. http://www.photoxpress.com/stock-photos/green/tree/forest/1221329

Página 112:

- January_6_2010-6237 - Time was running out, de Mike Davis, licencia CC-BY-NC-SA. http://www.flickr.com/photos/90908304@N00/4252428207/

- Eyes person handsome. © leafy / PhotoXpress.com. http://www.photoxpress.com/stock-photos/eyes/person/handsome/1124026

- Tinkerbell, de Juliana Coutinho, licencia CC-BY. http://www.flickr.com/photos/10217810@N05/4602677866/

Página 117: Vista aérea de la Gran vía de Madrid, de tonymadrid.com, licencia CC-BY-NC-ND. http://www.flickr.com/photos/tonymadrid/3235553454/

Página 135: Foto de Jose Miguel Pastor

Páginas 141-143: Fotos tomadas por David Bartolomé, modelo Alberto de Vega

Portada: Foto y manipulación digital de Alberto de Vega

Contraportada: Foto de los autores realizada por Daniel García Fernández. http://www.gulfuroth.com/